D1699075

Vera Mügge, Volker Wrede
Günter Drozdzewski

Von Korallenriffen
Schachtelhalmen
und dem Alten Mann

Ein spannender Führer zu
22 Geotopen im mittleren Ruhrtal

Herausgeber:

das ruhrtal – eine Initiative der Städte
Bochum, Hagen, Hattingen, Herdecke,
Wetter und Witten, des Ennepe-Ruhr-
Kreises – www.dasruhrtal.de

Regionalverband Ruhr, Essen
www.rvr-online.de

Geologischer Dienst NRW
www.gd.nrw.de

Geopark Ruhrgebiet e.V
www.geopark-ruhrgebiet.de

1. Auflage, Februar 2005
Satz und Gestaltung: Klartext Medienwerkstatt GmbH, Essen
Kartengestaltung: RVR
Titelgestaltung: Kai Münschke, Klartext Medienwerkstatt
Titelfoto: Steinbruch „Am Kleff", Witten (V. Wrede)
Druck: J.P. Himmer, Augsburg
© Klartext Verlag, Essen 2005
Alle Rechte vorbehalten
ISBN 3-89861-439-5
www.klartext-verlag.de

Inhalt

8 **Übersichtskarte**

11 **Vorwort**

15 **1 Das Rentier im Korallenriff**
Oeger Höhle, Hagen-Hohenlimburg

23 **2 Wo Bäche verschwinden**
Karstgebiet Milchenbach, Hünenpforte,
Weißer Stein; Hagen-Holthausen

29 **3 Feuerfestes aus der Donnerkuhle**
Dolomitwerk Hagen-Halden

35 **4 Zeitenwende am Hasselbach**
Hasselbachtal; Hagen-Reh

39 **5 Wo Friedrich Engels Kapitalist war**
Hohensyburg, Dortmund

45 **6 Vom Meer zum Land**
Schiffswinkel, Herdecke

49 **7 Libellen von Weltruf**
Steinbruch Hagen-Vorhalle

55 **8 Treibholz im Kaisbergfluss**
Kaisberg; Hagen

59 **9 Weich wie Stein**
Der Harkortsattel, Wetter

63 **10 Zwischen Gottessegen und Dreckbank**
Steinbruch Rauen, Witten-Gedern

73 **11 Flusslauf im Karbonmoor**
Steinbruch „Am Kleff", Witten

79 **12 Gefalteter Meeresgrund**
Steinbruch Klosterbusch im Lottental, Bochum

85 **13 Zu Fuß nach Gibraltar**
Das Ufer des Kemnader Sees, Bochum

91 **14 Brandungsrauschen im Kreidemeer**
Geologischer Garten, Bochum

99 **15 Bleierz aus der Silberkuhle**
Bergbaurelikte bei Bochum-Stiepel

105 **16 Grillplatz mit Kohle**
*Bergbau und Geologie in
Bochum-Dahlhausen*

113 **17 Ein Falter am Ruhrufer?**
Faltenformen bei Niederwenigern

121 **18 Rittersitz auf hohem Fels**
Die Isenburg, Hattingen

127 **19 Weitgespannter Faltenwurf**
Der Holthausener Sattel; Hattingen

133 **20 Besuch beim Alten Mann**
Muttental, Witten-Bommern

141 **21 Untertage von Wetter bis Wuppertal**
Der Schlebuscher Erbstollen, Wetter

149 **22 Prachtvolles aus Ruhrsandstein**
Ruhrsandsteinbruch, Wetter-Albringhausen

156 **Bergbau- und Geologiewanderwege im Exkursionsgebiet**
157 **Weiterführende Literatur**
160 **Abbildungsnachweis**

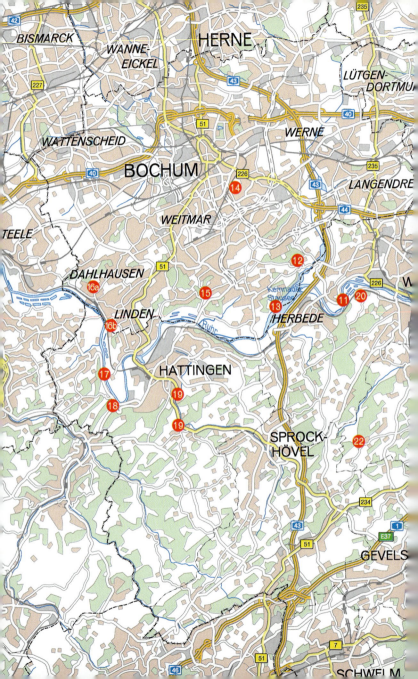

Von Korallenriffen, Schachtelhalmen und dem Alten Mann

Überraschende Entdeckungen zur Geologie des Mittleren Ruhrtals

Diese beispiellose Industrie durch alle Zweige und die romantischen Gegenden dieser abwechslungsreichen schönen Täler machen das märkische Sauerland zu einem trefflichen Gemälde Englands und der Schweiz, indem es die äußeren Schönheiten Dieser und den hohen Kunstfleiß Jenes in einem zwar kleinen, aber unendlich reizvollen Bilde vereinigt, das einmal gesehen, jeder reinen Phantasie, jedem wohlwollenden Herzen ewig unvergesslich vorschweben wird."

Diese Sätze, die Justus Gruner schon 1803 anlässlich einer Reise durch Westfalen niederschrieb, haben gerade für das Kerngebiet des Märkischen Sauerlandes, das Mittlere Ruhrtal, auch heute noch oder besser wieder Gültigkeit: Einerseits – und das soll gar nicht in Abrede gestellt werden – ist das Gebiet durch Wirtschaft und Industrie geprägt. Jedoch, die Zeit der qualmenden Schlote ist vorbei, neue Techniken haben längst Fuß gefasst und was aus der Hochzeit der Montanindustrie verblieb, sind vielfach hochinteressante, oft auch ästhetisch ansprechende Zeugnisse der Industriekultur.

Andererseits – und das ist besonders für den Ortsfremden vielfach eine große Überraschung, finden wir hier eine liebliche Mittelgebirgslandschaft mit Wäldern, Wiesen und verstreuten Bauerngehöften, romantischen Burgen und Schlössern oder fachwerkbunten, uralten Dörfern und Städten. Ein buntes Wegenetz lädt zu Wanderungen über Hügel und durch tief eingeschnittene Täler ein, während auf blau schimmernden Seen Segelboote oder Surfer ihre Bahnen ziehen.

Woher rührt diese Vielfalt der Landschaft, das Nebeneinander von Natur, Industrie und Kultur, das so typisch ist nicht nur für das engere Ruhrtal, sondern darüber hinaus für einen großen Teil des so genannten Ruhrgebiets? Gehen wir dieser Frage ganz wörtlich auf den Grund, so erkennen wir, dass es der geologische Bau ist, der diese Landschaft prägt: Ein vielfältiger Wechsel von Gesteinen aus verschiedenen Erdzeitaltern prägt das Landschaftsbild: Harte Sandsteinbänke bedingen Bergrücken oder ragen als Felsklippen hoch hinaus, während die weichen, tonigen Schichten sanft eingemuldete Täler formen. Kalksteinfelsen, einst gebildet als Korallenriffe im Meer der Vorzeit, bergen heute Tropfsteinhöhlen. Denkt der Geologe beim Stichwort Ruhrgebiet sicherlich zunächst an die kohleführenden Ablagerungen der Karbonzeit, so treten hier doch auch viel ältere Schichten aus dem Devon ebenso auf wie Millionen Jahre jüngere aus der Kreidezeit oder dem Quartär. Gefaltete und an Gebirgsstörungen zerborstene Schichten geben Zeugnis von der Auffaltung eines längst wieder eingeebneten Gebirges der fernen Vergangenheit. Die Gesteinsschichten enthalten Fossilien, Überreste der Tiere und Pflanzen der Vorzeit, die uns Auskunft geben über den Wechsel zwischen Land und Meer, dem tropischen Klima des Erdaltertums, in dem baumhohe Farne und Schachtelhalme dichte Wälder bildeten, bis zur Kältesteppe der Eiszeiten, durch die Rentiere und Bären streiften. Manche der Fossilien, die in unserem Gebiet geborgen wurden, sind einzigartig auf der Welt, so die Insekten aus der alten Ziegeleigrube in Hagen-Vorhalle. Aber die geologischen Schichten formen nicht nur das Landschaftsbild und geben Zeugnis von der Entwicklung des Lebens auf der Erde, sie bergen auch vielfältige Schätze, die der Mensch sich nutzbar machen konnte und so zur Grundlage der Industrie und des Wohlstandes wurden. Natürlich denkt man sofort an die Steinkohle, die sich in den Mooren und Sümpfen der Karbonzeit bildete. Sie war die Grundlage für den Jahrhunderte alten Bergbau im Ruhrtal, der hier erst vor etwa vierzig bis fünfzig Jahren erloschen ist. Vielfältig sind die Spuren, die die Bergleute der Vergangenheit zurückließen, der so genannte Alte Mann: Industriedenkmäler wie Schachtgebäude oder Fördertürme, Stollenmünder, Schachtpingen oder alte Halden. Manches davon ist noch am Wegesrand zu entdecken oder kann im Museum besichtigt werden. Auch Erze wurden im Ruhrtal gesucht und gefunden, Bau- und Bruchsteine waren für die Menschen ebenso wertvoll wie Ziegeleitone. Kalkstein und Dolomit sind noch heute wichtige Rohstoffe. Tatsächlich gibt es in Deutschland nur wenige Landschaften, in denen sich die Bedeutung der Geologie und der Bodenschätze für den Menschen so deutlich zeigen lässt, wie im Ruhrgebiet. Der neu gegründete GeoPark Ruhrgebiet hat es sich zur Aufgabe gemacht, das geologische Erbe des Ruhrgebietes zu erhalten und dem modernen Menschen zu erschließen. Das Ruhrtal bildet den Kern dieses Gebietes und wir laden den Leser ein, sich auf die Spurensuche zu begeben, die Suche nach den Überresten der Korallenriffe, den Schachtelhalmwäldern und dem, was der Alte Mann als Zeugnis seiner oft mühevollen Arbeit zurückließ. Manche Spur wird leicht zu entschlüsseln sein, anderes bedarf des genauen Hinsehens und Nachdenkens. Sicherlich aber werden die meisten Leser über die Vielfalt der geologischen und landschaftlichen Besonderheiten überrascht sein, die das Ruhrtal demjenigen bietet, der danach Ausschau hält.

1 Das Rentier im Korallenriff

Oeger Höhle, Hagen-Hohenlimburg

Der Hagener Stadtteil Hohenlimburg liegt im tief eingeschnittenen, steilwandigen Lennetal. Am nördlichen Talhang ragen am Mühlenberg und Steltenberg Felsklippen hervor, die aus einem dichten, hellgrauen Kalkstein bestehen. Dieser Kalkstein wird als „Massenkalk" bezeichnet. Er bildete sich vor etwa 385 Millionen Jahren als Korallenriff im warmen Wasser des Meeres der Devonzeit. Bei genauer Betrachtung des Gesteins finden sich die Überreste der früheren Riffbewohner: Korallen, schwammähnliche Stromatoporen, Muscheln, Tintenfischgehäuse oder der zu den „Armkiemern" (Brachiopoden) gehörende „Eulenkopf" Stringocephalus burtini. Der Massenkalk ist ein sehr hochwertiger Rohstoff, der sich wegen seiner Reinheit in der chemischen Industrie, als gebrannter Kalk vielfältig in der Bauwirtschaft oder bei geringerer Qualität als Schottermaterial einsetzen lässt. Am Steltenberg, aber

Riffbildner der Devonzeit: Eine Stromatopore

Im Inneren der Oeger Höhle

Blick in ein fossiles Riff: Korallenbruch im Massenkalk

auch an vielen anderen Orten, wird er deshalb in großen Steinbrüchen gewonnen.

Am Fuße des Mühlenberges in Hohenlimburg befinden sich in diesem Gestein mehrere Höhlen. Besonders zu erwähnen ist hier das fast 300 m lange zusammenhängende System von „Oeger Höhle" und „Dr.-Wolf-Höhle", das

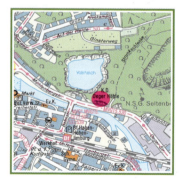

direkt neben der Straße von Hohenlimburg nach Oege liegt.

Bei Felssicherungsarbeiten im Bereich der Lenneuferstraße wurde im Jahr 1977 das imposante Portal der Oeger Höhle durch eine Betonwand verdeckt. Ausgehend von der Uferstraße erkennt man heute lediglich in der Mitte des tonnenschweren Betongewölbes einen verriegelten Einstieg, der in die Höhle führt. Der Einstieg ist nur mithilfe einer Leiter erreichbar. Der vordere Teil der Oeger Höhle wurde vermutlich bei der Anlage der Uferstraße um 1890 zerstört. Ursprünglich reichte der ehemalige Höhlenbereich bis unmittelbar an das Ufer der Lenne heran. Heute besteht die Höhle im wesentlichen aus einer großen, 39 m langen Halle mit kurzen

Kein Schmuckstück in der Landschaft: Das Portal der Oeger Höhle

Seitenarmen. Von dort aus führt ein enger Durchschlupf in das tropfsteingeschmückte Ganglabyrinth der Dr.-Wolf-Höhle.

Mit deutlich über 1.000 bekannten Höhlen kann Nordrhein-Westfalen durchaus als ein höhlenreiches Bundesland bezeichnet werden. Wenn auch wenig bekannt, treten auch im südlichen Ruhrgebiet etliche Höhlen auf. Warum ist das Land so höhlenreich und wie entstanden diese Hohlräume?

Die Oeger Höhle befindet sich im Bereich eines ausgedehnten Massenkalkgebietes, das sich als langer Gesteinszug zwischen Wuppertal im Westen über Hagen und Iserlohn bis nach Balve im Osten erstreckt. Sie ist eine so genannte Verkarstungserscheinung. Verkarstung ist ein Prozess, bei dem Gestein von Wasser gelöst wird. Entscheidend dabei ist, um welches Gestein es sich handelt und welche Zusammensetzung das Wasser hat. Man unterscheidet zwischen leicht und schwer löslichen Gesteinen. Karsterscheinungen treten in leicht löslichen Gesteinen auf, wie z.B. in Kalk, Dolomit, Gips oder auch Steinsalz. Die Verkarstung von Gips und Salz ist ein rein physikalischer Prozess und vergleichbar mit dem Auflösen von Salz im Kochtopf oder Zucker im Tee.

Die Bildung der Oeger Höhle vollzog sich durch die Verkarstung von Kalkstein. Die Auflösung von Kalkstein läuft aufgrund chemischer Reaktionen ab. Förderlich für solche Reaktionen ist ein hoher Gehalt an Kohlendioxid (CO_2) im Wasser. Wird Wasser mit Kohlendioxid angereichert, so entsteht Kohlensäure. Dies ist besonders bei warmem Klima der Fall, wenn am Erdboden ein üppiger Pflanzenwuchs herrscht. Durch Spalten und Risse kann kohlensäurehaltiges Wasser in das Kalkgestein eindringen und dabei durch seine intensive Lösungskraft zunächst kleine Hohlräume schaffen. Dadurch nimmt die Wegsamkeit für das Wasser zu und der Hohlraum erweitert sich immer mehr. Die meisten Höhlen entstehen daher durch langsame Auflösung des Kalksteins im Bereich unter dem Grundwasserspiegel und werden nicht durch Höhlenbäche ausgewaschen. Erst wenn der Grundwasserspiegel sinkt, fallen die Höhlen trocken und können dann von der Erdoberfläche aus zugänglich werden. Wird der Raum zu groß, werden Höhlendecke und –Wände instabil und brechen ein. Denkt man an die knapp 40 Meter lange Halle der Oeger Höhle, so kann man sich vorstellen, dass die Höhlenentstehung eine lange Zeit gedauert hat, in der unterirdisch große Wassermassen gewirkt haben müssen.

Die Bildung der heute erkennbare Verkarstungserscheinungen im Massenkalkgebiet zwischen Balve und Hagen begann in der erdgeschichtlichen Epoche des Tertiärs (ca. 65 bis 142 Millionen Jahre vor heute). In einem subtropisch-warmen Klima wurde ein Großteil des massigen Kalkgesteins aufgelöst. Die Gesteinsoberflächen wurden eingetieft,

Tropfsteine in der Dr. Wolf-Höhle

so dass die heutige Geländeoberfläche über dem Kalkstein die Form einer breiten Mulde besitzt. Die benachbarten Bergketten heben sich deutlich von dieser Eintiefung ab. Aus diesem Grund wird dieser Bereich auch als „Iserlohner Kalksenke" bezeichnet. Unter dem Grundwasserspiegel der damaligen Täler bildeten sich ausgedehnte Höhlensysteme. Später schnitten sich die Täler tiefer ein, der Grundwasserspiegel sank und die Höhlen an den Talhängen lagen trocken.

Höhlen wurden bis in die jüngste Vergangenheit von Mensch und Tier aufgesucht, die

Relikte aus der Eiszeit – Rentierknochen

dort ihre Spuren hinterlassen. Die Oeger Höhle ist eine bedeutende paläontologische und archäologische Fundstätte. Erste Grabungen in der Vorhalle dieser Höhle wurden in den Jahren 1868/69 von Johann Carl Fuhlrott, dem Entdecker des Neandertalers, durchgeführt. Bei der Grabung kamen vor allem zahlreiche Überreste von Tieren zutage, die während der Eiszeiten lebten (etwa 500.000 bis 10.000 Jahre vor heute). Diese Tiere durchstreiften die vegetationsarme Kältesteppe, die sich im Vorfeld der großen Gletscher erstreckte, die bei ihrem weitesten Vorstoß vor etwa 200.000 Jahren fast das Ruhrtal erreichten. Die Knochen der Oeger Höhle stammen vermutlich aus zwei Schichten. Es handelt sich dabei unter anderem um Reste des Wollnashorns (Coelodonta

gesichert. Keramikreste belegen aber eine Höhlennutzung durch eine jungsteinzeitliche Kulturgruppe (Rössner Kultur) und in der Eisenzeit.

Der Höhlenbär, die Höhlenhyäne oder auch der Mensch nutzten die Oeger-Höhle als Unterschlupf. Seltsam sind allerdings die unzähligen Funde von Knochen und Geweihstücken des Riesenhirsches und des Rentieres aus der Oeger Höhle, da diese Tiere nicht zu den Höhlenbesuchern gehörten. Es hat den Anschein, als seien die Knochen durch das fließende Gewässer eines Baches in das Innere der Höhle verschleppt worden. Denkbar ist auch, dass der Mensch der jüngeren Altsteinzeit das Horn des Charaktertiers aus der Eiszeit als Werkstück für die Weiterverarbeitung zu allerlei Geräten genutzt hat. Allerdings liegen einige Jahrtausende zwischen dem Menschen, der die Oeger Höhle besiedelte und der Rentierzeit. Außerdem wurden bisher keine Geweihstangen gefunden, die Spuren menschlicher Bearbeitung gezeigt haben. Wie also kam das Rentier ins „Korallenriff"? – diese Frage ist bis heute nicht sicher zu beantworten.

antiquitatis), der Höhlenhyäne (Crocuta crocuta spelea), des Höhlenbärs (Ursus spelaeus), des Riesenhirschs (Megaloceros giganteus) und des Rentieres (Rangifer tarandus). Allein vom Rentier wurden mehr als 350 Geweihstücke in den lehmigen Ablagerungen des Ostarmes der Oeger Höhle gefunden.

Die Zuordnung einiger archäologischer Funde in die jüngere Altsteinzeit (etwa 17.000 bis 12.000 Jahre vor heute) ist nicht

2 Wo Bäche verschwinden

Karstgebiet Milchenbach, Hünenpforte, Weißer Stein; Hagen-Holthausen

Die Umgebung Hohenlimburgs ist für die Karst- und Höhlenforschung im Rheinischen Schiefergebirge von besonderer Bedeutung.

Wie schon im Abschnitt „Das Rentier im Korallenriff" gesagt wurde, ist von der Verkarstung besonders der Massenkalk betroffen. Dieser Kalkstein tritt nicht nur nördlich der Lenne bei Oege zu Tage, sondern bildet westlich von Hohenlimburg auch das Südufer des Lennetals. Hier ragen die Kalkmassive der Hünenpforte und des Weißensteins hoch auf, zwischen denen das wasserlose Holthauser Tal eingetieft ist.

Hier im Gebiet von Hagen-Holthausen wurde der Massenkalk entlang von Gebirgsstörungen in einzelne Kalkmassive zerlegt. Die dadurch entstandenen Risse und Spalten bieten dem Grundwasser Zugang in den felsigen Untergrund. Bäche, die von Süden her aus dem Gebiet wasserunlöslicher und daher nicht verkarstungsfähiger Gesteine (Tonsteine und Sandsteine der

Blick von der Hünenpforte auf den Weißen Stein

Bachschwinde im Milchenbachtal

Mitteldevonzeit, ca. 390 Millionen Jahre alt) kommen und hier auf den Massenkalk stoßen, verlieren ihr Wasser an den Untergrund. Das Wasser versickert durch Schlucklöcher und verschwindet in Gesteinsspalten und -klüften der Tiefe. Solche Schlucklöcher werden „Bachschwinden" oder „Ponore" genannt. Eine beachtenswerte Bachschwinde liegt nördlich des Melkmeskopfes am Breikenbach. Hier existiert eine, allerdings verschlossene Höhle, die den versinkenden Bach aufnimmt. Dadurch, dass das Wasser im Untergrund versinkt, finden sich in den Tälern der Karstgebiete meist keine ständig fließenden Bäche mehr. Man spricht deshalb von „Trockentälern", durch die bestenfalls noch zu Hochwasserzeiten Wasser fließt.

Auch der Bach im Holthauser Tal versickert im Untergrund. Im

Gebiet von Holthausen treten mehrere bedeutende Höhlen auf. Offenbar wurden hier ältere, zum Teil recht ausgedehnte Höhlen vom versickernden Bach wiederbelebt. Wie die Raumformen zeigen, entstanden diese Höhlen ursprünglich unterhalb des Karstwasserspiegels. Als dieser später sank, fielen die Höhlen trocken und wirken heute wie eine Drainage, durch die das Wasser der versickernden Bäche abfließt. Die größte Höhle in diesem Gebiet ist die „Holthauser Bachhöhle" mit 625 m vermessener Ganglänge. Sie besteht aus einem engmaschigen Ganglabyrinth, das sich über mehrere Etagen erstreckt. Sie weist aber auch einige Hallen mit Tropfsteinbildungen und Kluftgänge von bis zu 20 m Höhe auf. Dicht benachbart liegt die „Geburtstagshöhle", die auf 328 m vermessener Ganglänge eine Höhendifferenz von 23 m hat. Eingeschwemmte Kieselsteine zeigen, dass die Höhle zumindest früher von einem Bach durchflossen wurde. Die beschriebenen Höhlen liegen am südlichen Ortsende von Holthausen an der Straße „Klippchen". Die Höhlenportale wurden aus Gründen des Höhlenschutzes verschlossen.

Eine weitere Höhle wurde vor einiger Zeit beim Neubau eines Hauses an der Weissensteinstraße in Holthausen entdeckt. Auch hier zeigte eingeschwemmter Kies, dass die Höhle früher von einem Bach durchflossen wurde, der inzwischen aber seinen Lauf in ein noch tieferes Höhlenstockwerk verlegt hat. Der Bauherr, der den Neubau errichten ließ, hat den Eingang dieser Höhle erhalten, so dass dieses Naturdenkmal auch weiterhin zugänglich ist.

An der Straße von Holthausen in Richtung Delstern zur Autobahn liegt auf der linken Seite ein Parkplatz an einer Brücke über den Milchenbach. Wandert man von hier dem auf der gegenüberliegenden Talseite verlaufenden Fahrweg talaufwärts, so erreicht man nach etwa 500 m das Versi-ckerungsgebiet des Milchenbaches. Der größte Teil des Bachwassers versinkt hier im Untergrund.

Eine Hinweistafel am Waldrand informiert über die wechselvolle Entwicklung der Bachschwinden dieses Gebietes. Die in der Nähe gelegene „Milchenbacher Ponorhöhle" konnte auf bisher 87 m Länge verfolgt werden. Durch die fortschreitende Bildung der Hohlräume kommt es nicht selten zu Nachbrüchen des darüber liegenden Gesteins. Bricht das Gestein bis zur Geländeoberfläche durch, so entsteht ein kesselartiger Einsturztrichter. Solche Einstürze nennt man Erd-

Die Hünenpforte – ein Höhlenrelikt hoch über dem Lennetal

fälle oder auch Dolinen. Die Bildung eines Erdfalls kann über Nacht erfolgen. Einige recht junge Erdfälle liegen unmittelbar am Weg (Beschilderung). Da die Erdfälle und auch die Bachschwinden von den Landwirten immer wieder eingeebnet werden, ändert sich hier die Aufschluss-Situation kurzfristig.

Dort, wo das Tal des Holthauser Baches auf das Lennetal stößt, befindet sich ein sagenumwobener Berg von besonderem Interesse. Hoch oben auf diesem Berg ist das gewaltige Felstor „Hünenpforte" zu sehen. Die Hünenpforte, die namensgebend für den gesamten Berg ist, ist der Rest einer ehemaligen Höhle. Sie dürfte schon sehr alt sein: Ihre Lage hoch über dem Lennetal zeigt an, dass sie entstand, als der Talboden der Lenne noch wesentlich höher gelegen hat als heute. Die Hünenpforte liegt heute in einem weglosen Naturschutzgebiet und kann nur mit einer Genehmigung der Landschaftsbehörde besucht werden. Besonders im Winter, wenn die Bäume unbelaubt sind, lässt sie sich aber von der Lennetalstraße aus oben am Berghang erkennen. Hier fanden sich Werkzeuge aus der Zeit der Rentierjäger, die unser Gebiet vor rund 10.000 Jahren durchstreiften. In einer anderen Höhle wurden erst kürzlich mehrere menschliche

Skelette aus dieser Zeit entdeckt – ein sensationeller Fund, dessen wissenschaftliche Bearbeitung erst am Anfang steht.

Am Fuß des gegenüberliegenden Felsmassivs „Weißenstein" liegt die bedeutende Karstquelle des „Barmer Teichs". Sein Quellteich wird heute von der Bundesstraße 7 und der Eisenbahn-

Künstlich verändert: Die Karstquelle Barmer Teich

strecke in mehrere Teile zerschnitten und ist teilweise künstlich aufgestaut. In dieser Quelle tritt das Wasser des Milchenbaches und des Holthauser Baches, das oberhalb von Holthausen versickert ist, wieder zu Tage. Dies konnte durch Markierungsversuche belegt werden, bei denen das Bachwasser mit Farbstoff angereichert wurde, das dann im Barmer Teich und einigen kleineren Quellen in der Umgebung wieder auftauchte.

3 Feuerfestes aus der Donnerkuhle

Dolomitwerk Hagen-Halden

Zwischen Hagen-Halden und Haßley liegt südlich der Bundesstraße 7 der große Steinbruch „Donnerkuhle" der Rheinkalk GmbH. Der Leser mag verwundert sein, in einem geologischen Wanderbüchlein einen modernen Industriebetrieb vorgestellt zu bekommen. Die Nutzung der Bodenschätze war aber nicht nur in der Vergangenheit (bis zurück in die Steinzeit, als bereits Feuerstein in regelrechten Bergwerken abgebaut wurde) eine wichtige Lebensgrundlage des Menschen, sondern sie ist es noch heute. Die Lagerstättengeologie ist deshalb ein wichtiges Teilgebiet der Geologie, das nur zu oft aus dem öffentlichen Bewusstsein verdrängt wird. Bei genauer Betrachtung verdanken auch viele andere der in diesem Büchlein beschriebenen Aufschlüsse ihre Entstehung der früheren Rohstoffgewinnung. Gerade im südlichen Ruhrgebiet finden sich zahlreiche Beispiele dafür, dass sich die Konflikte zwischen der Gewinnung von Rohstoffen an der Erdoberfläche und dem Natur- und Landschafts-

schutz oft lösen lassen. Vor allem nach Einstellung der Abbautätigkeit kann durchaus eine naturnahe Landschaft wiederhergestellt werden. Gerade stillgelegte Steinbrüche bilden mit ihren Fels- und Ödlandflächen oft wertvolle Refugien für seltene Tier- und Pflanzenarten. Als Geotope bieten sie Einblicke in den Aufbau und die Struktur des Untergrundes, die dem Menschen sonst verborgen bleiben.

Die Rohstoffvorkommen von Hagen-Halden gehören ebenfalls zum bereits erwähnten Massenkalkzug im Süden von Hagen. Im Umkreis von Hohenlimburg und vor allem im Naturschutzgebiet Weißenstein lassen sich der Massenkalk und die darin auftretenden Karsterscheinungen gut studieren. Hier in der Nähe von Hagen-Halden liegen nun besondere Verhältnisse vor. Im Untergrund des Lennetals, das von Hohenlimburg aus auffallend geradlinig nach Nordwesten zur Ruhr hin verläuft, verbirgt sich eine große Gebirgsstörung: der südliche Ausläufer des „Großholthau-

Beeindruckender Krater: Der Dolomitsteinbruch „Donnerkuhle"

sener Sprunges", der sich auch unter dem Namen „Quintus-Sprung" quer durch das ganze Ruhrgebiet bis in den Raum Recklinghausen und Marl verfolgen lässt. Dieser Nordwest-Südost verlaufende Bruch im Gebirge stößt hier im Raum Hagen-Halden auf eine andere Störung. Es handelt sich dabei um die Ennepe-Überschiebung, die von Südwest nach Nordost quer zum Quintus-Sprung verläuft. Als Folge von Bewegungen der Erdkruste (tektonischen Bewegungen) im Kreuzungsbereich dieser beiden Störungen hat sich ein sehr kompliziertes Mosaik von einzelnen, gegeneinander verschobenen Gebirgsschollen gebildet. In den Störungsbahnen selbst wurde das Gestein aufgelockert und bot so mineralhaltigen Wässern aus dem Untergrund Aufstiegswege. Dort, wo Magnesium-haltige

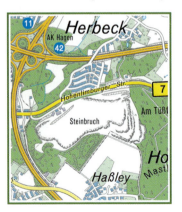

Wässer mit dem Massenkalk in Berührung kamen, erfolgten chemische Reaktionen. Der sehr reine Kalkstein (vorwiegend aus $CaCO_3$, Kalkspat, bestehend) wurde in Dolomitstein ($CaMg[CO_3]_2$, ein Calcium - Magnesium - Karbonat) umgewandelt.

Dolomitstein in guter Qualität ist ein hochwertiger Rohstoff. Er kann nach entsprechender Verarbeitung vielfältig genutzt werden. Er dient vor allem als Rohstoff für die Herstellung von Feuerfest-Materialien (zum Beispiel zur Ausmauerung oder Verkleidung von Industrieöfen und Hochöfen der Stahlindustrie). Eine wichtige Rolle spielen Dolomitprodukte auch bei der metallurgischen Erzeugung von Stählen mit besonders niedrigen Schwefelgehalten und bei der Rauchgas- und Abwasserreinigung in der Eisen- und Stahlindustrie. Die Anforderungen an den Reinheitsgrad des Dolomits für solche Zwecke sind besonders hoch, da er die Verunreinigungen des Erzes und des Roheisens binden soll. In der Agrarwirtschaft kann Dolomit als Pflanzendünger Verwendung finden. Er wird dort als so genannter Magnesiumbranntkalk eingesetzt.

Der Dolomitabbau im Steinbruch „Donnerkuhle" begann im Jahr 1909. Heute werden hier jährlich etwa 2,5 Mio. t Gestein

Das Dolomitwerk Hagen-Halden

gebrochen und per Förderband unterirdisch durch einen Tunnel zum Dolomitwerk transportiert. Das Werk befindet sich neben der Bahnstrecke Hagen — Hohenlimburg am Rand des Lennetals. Hier wird der gemahlene Dolomitstein in riesigen, zum Teil über 100 m langen Drehöfen bei etwa 2.000 °C gebrannt. Dabei gibt der Dolomit seinen Gehalt an Kohlendioxid (CO_2) ab. Es entsteht eine Masse aus Calcium- und Magnesiumoxid, die als Sinterdolomit bezeichnet wird. Das Verhältnis der beiden Oxide in der Masse ist in etwa 1:1. Der Sinterdolomit wird erneut gemahlen und dann

– je nach Verwendungszweck teilweise unter Zugabe von Bindemitteln und Zusatzstoffen – in Hochdruckpressen zu Formsteinen verpresst. Diese Steine werden dann in Tunnelöfen erneut gebrannt. Sie erhalten ihre endgültige Stabilität und können nun z.B. als Ofenmauerstein verwendet werden. Das Dolomitvorkommen von Hagen-Halden ist eines der größten in Deutschland und wegen der hohen Reinheit des Gesteins von herausragender Bedeutung für die Versorgung der Industrie mit Feuerfest-Materialien. Etwa 90 % des Bedarfs an Sinterdolomit in Deutschland werden vom Dolomitwerk Hagen-Halden gedeckt. Zudem exportiert das Werk erhebliche Anteile seiner Produktion weltweit.

Ein wichtiger Aspekt bei jeder modernen Industrieproduktion ist die Beachtung der Anforderungen des Umweltschutzes. Im Falle des Dolomitwerks Hagen-Halden betrifft dies vor allem zwei Bereiche: Zum einen den Steinbruchbetrieb und zum anderen die Verarbeitungsanlagen. Hier ist zum Beispiel durch den Einsatz von modernen Elektro-Filteranlagen gewährleistet, dass die Ofenabgase weitestgehend entstaubt werden, ehe sie ins Freie gelangen.

Schwieriger sind die Umweltprobleme des Steinbruchbetriebes zu handhaben. Aufwendige Maßnahmen werden unternommen, um die Belastung der Umwelt so gering wie möglich zu halten. So werden z.B. Grünzonen als Staub- und Sichtschutz angelegt, erschütterungsmindernde Sprengverfahren angewendet oder der Abtransport des abgebauten Gesteinsmaterials auf unterirdische Stollen verlegt.

Unvermeidbar ist jedoch der Eingriff in das Landschaftsbild und den Naturhaushalt, der sich durch die Anlage eines inzwischen rund 1,5 km langen, etwa 600 m breiten und über 100 m tiefen Steinbruchs ergibt. Für Natur-liebhaber besonders schmerzhaft ist es, dass gerade auf den kalkhaltigen Böden über der Lagerstätte seltene Pflanzengemeinschaften und wertvoller Buchenwald wachsen, die durch den Steinbruchbetrieb zerstört werden. Einer Genehmigung von zusätzlichen Abbauflächen geht daher eine gründliche Diskussion darüber voran, wie die Eingriffe in den Naturhaushalt so gering wie möglich gehalten werden können und durch welche Maßnahmen eventuell ein Ausgleich zu schaffen ist.

Zur Zeit ist der Steinbruch „Donnerkuhle" für Besucher nicht zugänglich. Es ist jedoch geplant, am Steinbruchrand eine Aussichtsplattform zu errichten, von der aus das Geschehen im Steinbruch beobachtet werden kann. An der Ostböschung des Bruches konzentriert sich der Abbau. Dort sind die flach liegenden, graubraunen Dolomitschichten zu sehen, die nach Norden hin von dunklen Tonsteinen überlagert werden. Dicht am Steinbruchrand werden die Schichten durch die Ennepe-Störung ziemlich scharf in steile bis senkrechte Lagerung umgebogen. Auffällig sind mehrere Mineralgänge, die den Steinbruch in Nord-Süd-Richtung durchziehen und zu den Ausläufern des Großholthauser Sprunges gehören. Sie sind hauptsächlich mit weißem und rotem Kalkspat und etwas Dolomit gefüllt. Bei genauer Betrachtung lässt sich erkennen, dass die Magnesium-haltigen Lösungen in diesen Gängen aufgestiegen sind und von hier aus in den umgebenden Kalkstein eindrangen.

Eine Sprengung in der Donnerkuhle

4 Zeitenwende am Hasselbach

Hasselbachtal; Hagen-Reh

Beinahe hätte das kleine Tal des Hasselbachs bei Hohenlimburg-Reh weltweite Wissenschaftsgeschichte geschrieben: In den achtziger Jahren des 20. Jahrhunderts wurde im Hasselbachtal ein geologischer Aufschluss dokumentiert, in dem die Grenze zwischen den erdgeschichtlichen Epochen Devon und Karbon (vor ca. 358 Mio. Jahren) zu erkennen ist. Es wurde diskutiert, ob dieser Aufschluss als weltweiter Standard für diese Grenze gelten sollte. Letztlich fiel die Entscheidung auf eine Lokalität in Südfrankreich. Gleichwohl ist der Name des Hasselbachs bei vielen Geo-

wissenschaftlern in der ganzen Welt bekannt und der kleine Aufschluss kann sicher als einer der best untersuchten in Deutschland gelten.

Will man diesen Aufschluss aufsuchen, folgt man in Hohenlimburg-Reh der Straße „Hasselbach" bis zum Ende. Am dort gelegenen Teichdamm bestehen Parkmöglichkeiten. Ausgehend vom Parkplatz vor dem Teichdamm sind es noch etwa 600 m entlang des Hasselbaches, bis man den berühmten Aufschluss mit der Devon-Karbon-Grenze erreicht. Zunächst folgt man dem Fahrweg, bis er mit einer Brücke

Ein unscheinbarer Aufschluss mit großer Bedeutung

Gefaltete Unterkarbonschichten im Hasselbachtal

über den Bach führt. Dort folgt man weiter dem Fußpfad auf dem bisherigen (Nord-)ufer des Baches und gelangt schließlich an einer auffallenden Wegverzweigung zum unscheinbar wirkenden, aber doch berühmten Aufschluss „Hasselbach". Das ursprüngliche Profil liegt unmittelbar am Bachufer unterhalb des Weges. Es beginnt im Südosten mit einer niedrigen Böschung. Dort sind relativ dünnschichtig spaltende Tonsteine aus dem jüngsten Abschnitt der erdzeitlichen Epoche des Devons zu sehen. Diese Tonsteinlagen werden als Hangenberg-Schichten bezeichnet. Nach oben hin werden die Schichten kalkiger und dickbankiger. An der Basis einer besonders deutlich hervortretenden Kalkbank (Hangenberg-Kalk) liegt die Devon-Karbon-Grenze. Das Alter der Gesteine lässt sich

unter anderem durch die Überreste von Lebewesen bestimmen. Derartige „Leitfossilien" sind für bestimmte Zeitabschnitte der Erdgeschichte kennzeichnend und treten teilweise weltweit auf. Bei intensiven wissenschaftliche Untersuchungen konnten in den Gesteinsschichten des Hasselbach-Profils Fossilien gefunden werden, durch die die Grenze Devon-Karbon exakt festgelegt werden konnte.

Diese Zeitmarke, die ziemlich genau einem Alter von 358 Millionen Jahren entspricht, ist keine rein willkürlich gezogene Grenze, sondern spiegelt ein Ereignis (ein „Event") wieder, in dem sich in kurzer Zeit die Lebensverhältnisse auf der Erde drastisch änderten. Etwa 40 bis 50 % der uns bekannten Tier- und Pflanzengruppen starben damals in relativ kurzer Zeit aus oder wurden zumindest stark dezimiert. Sie schufen so Raum zur Entwicklung neuer Formen. Betroffen von diesem so genannten Hangenberg-Event waren vor allem die wahrscheinlich wurmartig aussehenden Conodonten. Sie waren zu damaliger Zeit weitverbreitet. Die fossile Überlieferung dieses Organismus beschränkt sich meist auf seinen winzigen Kauapparat. Weitere Opfer des Hangenberg-Events waren Verwandte des heutigen Tintenfisches (Goniatiten), Sta-

chelhäuter wie See-sterne und Seeigel, Dreilappkrebse (Trilobiten), viele Mikroorganismen und auch viele Korallen. Auffällig an der Devon–Karbon-Grenze ist eine Lage dunkler, an organischem Material reicher Tonsteine, die so genannten Hangenberg-Schiefer. Sie werden von kalkigen Ablagerungen (dem „Hangenberg-Kalk") überlagert. Die Tatsache, dass dieser Horizont praktisch weltweit in den entsprechenden Schichten zu finden ist, deutet auf ein globales Ereignis als Ursache für den „Hangenberg-Event" hin. Viele Indizien sprechen für damalige extreme Meeres-spiegelschwankungen und eine drastische Klimaveränderung. Denkbar als Ursache wäre ein katastrophales Ereignis wie der Einschlag eines sehr großen Meteoriten, der weltweite Auswirkungen gehabt haben könnte. Ein solcher Vorgang wird heute von vielen Wissenschaftlern zum Beispiel auch für das weltweite Ausster-

Wichtiges Fossil: Der Conodont Pseudopolygnathus primus (Größe ca. 0,7 mm)

ben der Saurier am Ende der Kreide-Zeit verantwortlich gemacht, das mit noch krasseren Veränderungen der Lebewelt einherging, als dem „Hangenberg-Event". Vorstellbar ist aber auch, dass es zum Beispiel durch die rasche Entwicklung der Landpflanzen am Ende der Devon-Zeit zu Veränderungen des Klimas und in den Nahrungsketten kam, die letztlich in einer weltweiten ökologischen Krise gipfelten.

Auf dem Rückweg zum Parkplatz liegt rechts des Weges ein kleiner Steinbruch. Hier treten Gesteine aus dem Unterkarbon auf, die die Schichtenfolge vom Hasselbach zum jüngeren hin fortsetzen. Im vorderen Teil des Bruches sehen wir die Kulm-Kieselkalke, die intensiv verfaltet sind. Derartig kleinräumige Strukturen sind typisch für diese Gesteine. Darüber liegen die eher flach gelagerten Kulm-Plattenkalke.

5 Wo Friedrich Engels Kapitalist war

Hohensyburg, Dortmund

Am Südhang des Sybergs am Hengstey-See stehen spektakuläre Klippen aus mehreren, 10 bis 20 m mächtigen Sandsteinpaketen der Kaisberg-Schichten an. Angefangen vom „Grenzsandstein" bis hin zum Flöz „Sengsbank", dem ältesten abbauwürdigen Steinkohlenflöz im Ruhrgebiet, sind hier insgesamt 130 m aufgeschlossene Gesteinsschichten zu sehen. Sie dokumentieren eine ehemalige Landschaft mit weitverzweigten Flussläufen und eine beginnende Ära ausgedehnter Flachmoore, die Geburtsstätte der Steinkohlenflöze im Ruhrbecken.

Ein auf der Nordflanke des Sybergs gelegener bergbauhistorischer Wanderweg schließt den alten Bergbau auf, der in diesem ältesten Steinkohlenflöz des Ruhrgebiets umging.

Auch auf diesem Weg lernen wir die Schichtenfolge der Kaisberg-Fromation kennen: Hierzu verlassen wir den Parkplatz an der Brücke über den Hengstey-See in östliche Richtung. Nach etwa 100 m zweigt vom Ruhruferweg unser Weg hangaufwärts ab. (Es ist der zweite Weg, der links den Hang hinaufführt.) In der zweiten Wegkehre liegt die Basis des Grenzsandsteins.

Der ansteigende Weg führt nun auf etwa 300 m Länge stets unterhalb des Grenzsandsteins entlang, der eine steile Felsrippe bildet. An mehreren Stellen gewähren schmale Tälchen den Durchblick auf die nächsthöhere Felsrippe, den Kaisberg-Sandstein. Auffälligste Erscheinung in den Sandsteinklippen ist die so genannte Schrägschichtung. Dabei bilden die Ablagerungsflächen innerhalb der Gesteinsbänke einen Winkel mit den Schichtflächen, die die Bänke begrenzen. Schrägschichtung entsteht in fließendem Wasser. Durch die Strömung werden die Sandkörner über die Oberfläche der Sandbänke am Gewässerboden bewegt und lagern sich schließlich an der steilen Stirn der Sandbank an. Wechselt die Strömungsrichtung des Flusses, so entsteht eine neue Sandsteinbank mit anderer Schüttungsrichtung. Unter dem Gewicht der zunehmenden Abla-

Steile Klippe des Grenzsandsteins am Weg zur Hohensyburg

gerungen wird der Sand zusammengedrückt, entwässert und verfestigt. Dieser Vorgang wird als Diagenese bezeichnet. Aus einem locker gelagerten Sand wird schließlich ein Sandstein mit Schrägschichtung.

Die Schrägschichtung des hier aufgeschlossenen Sandsteins ist oft bogig ausgebildet. Messungen einzelner Lagen lassen auf eine Fließrichtung der damaligen Flüsse von Osten nach Westen schließen. Der obere Bereich mancher schräggeschichteter Lagen scheint ein Stück weit „abgeschnitten" zu sein. Dieses Merkmal deutet auf eine Verlagerungen der ehemaligen Flussrinnen hin, wobei bereits abgelagerter Sand wieder abgetragen wurde.

Etwa sieben Meter oberhalb der Basis des Grenzsandsteins liegt ein 10 bis 20 cm mächtiges Flöz von lagenweise angereicher-

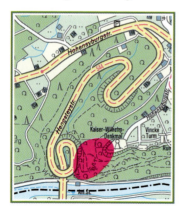

ten kohligen Resten, die mit dünnen Sandsteinlagen im Wechsel auftreten. Lokal schwillt das Flöz bis auf 1 m Mächtigkeit an. Es handelt sich bei dieser kohligen Lage aber nicht um ein echtes Kohleflöz, sondern nur um zusammen geschwemmte Holzreste innerhalb des Sandsteins. Echte Flöze, das heißt solche, die aus ehemaligen Mooren hervorgegangen sind, werden normalerweise von einem Wurzelboden unterlagert. Einen guten Einblick in die Natur dieses „Flözes" erhalten wir etwa 50 m hinter der zweiten Wegkehre, rechter Hand vom ersten Quertälchen. Steigt man dort am Hang aufwärts, so erkennt man, dass das Flöz zur Seite hin langsam schmäler wird und schließlich im Sandstein verschwindet.

Die Sandsteinlagen enthalten Glimmer, im Sonnenlicht schimmernde blättchenförmige Mineralkörner.

Nach Durchschreiten der nächsten Spitzkehre passieren wir eine Sandsteinpartie, die aus Grenzsandstein und Kaisberg-Sandstein ohne eine Zwischenlage besteht. An dieser Stelle blieben die Flussrinnen über einen langen Zeitraum stationär und lagerten so große Mengen an Sand ab, die nun das besonders mächtige Sandsteinpaket bilden.

Weiter oberhalb ist dann in zwei aufgelassenen Steinbrüchen

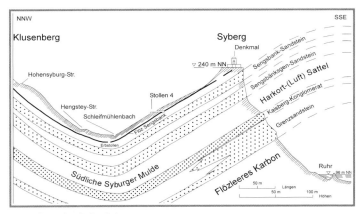

Querschnitt durch den Syberg

der Sengsbänksgen-Sandstein aufgeschlossen. Nehmen wir den Weg hinter dem Steinbruch in nördliche Richtung, queren schließlich wir den Höhenrücken des Sengsbank-Sandsteins, des vierten Sandsteins der Kaisberg-Schichten. Dieser Sandstein bildet den Bergrücken, auf dem die Hohensyburg lag und heute das Kaiser-Wilhelm-Denkmal gründet. Der steile, das Ruhrtal überragende Bergrücken bot sich schon früh zur Anlage einer Befestigung an. Hier hatten die Sachsen eine Burg, die von Karl dem Großen im Zuge seiner Kriegszüge erobert wurde. Blicken wir von hier aus ins Ruhrtal hinab, fällt uns der Unterschied zwischen dem flachen Gebiet links der Ruhr und den bewaldeten Höhenrücken rechts sofort ins Auge. Während links der Ruhr

die weichen, tonigen Schichten der Ziegelschiefer-Zone vorkommen, setzen auf der anderen Seite des Tals die harten Sandsteine der Kaisberg-Schichten den Abtragungskräften großen Widerstand entgegen und formen so die steilen Bergrücken.

Das Kaiser-Wilhelm-Denkmal ist – ebenso wie die Fassade der modernen, in der Nähe gelegenen Spielbank Hohensyburg- aus dem hier anstehenden Ruhrsandstein gestaltet worden, der seit alters als Werksandstein genutzt wird (siehe Aufschluss 22).

Vom Kaiser-Wilhelm-Denkmal aus führt nun der Syburger Bergbau-Wanderweg zum Parkplatz zurück. Über dem Sengsbank-Sandstein breitet sich am nordwestlichen Berghang das etwa 0,4 m mächtige Flöz Sengsbank

Eindrucksvoller Blick von der Hohensyburg ins Ruhrtal

aus, das erste abbauwürdige Steinkohlenflöz des Ruhr-Beckens.

Durch den Förderverein bergbauhistorischer Stätten Ruhrrevier e. V. wird hier im Rahmen einer archäologischen Erkundung der ehemalige Steinkohlenbergbau wieder freigelegt. Die Gebirgsschichten verlaufen hier fast parallel zum Talhang, so dass das Flöz nur wenige Meter unter der Erdoberfläche liegt. Wahrscheinlich begann der Bergbau hier schon im 16. Jahrhundert in einem Tagebau, dem Brecker'schen Feld. Später, im 18. und 19. Jahrhundert wurden dann waagerechte Stollen in Handarbeit mit Schlägel und Ei-

sen ca. 25 m weit bis zum Flöz Sengsbank vorgetrieben. Zunächst bestand hier die Zeche „Schleifmühle", die mit Unterbrechungen von 1740 bis etwa 1802 in Betrieb war. Sie hatte ihren Namen nach einem Schleifkotten, in dessen Nähe das Stollenmundloch gelegen war. Den Besitz der Grube teilten sich verschiedene Anteilseigener, die meist in der näheren Umgebung ansässig waren. Zu ihnen gehörte aber auch der seinerzeit nach England emigrierte Theoretiker des Sozialismus Friedrich Engels, der als Sohn einer reichen Wuppertaler Industriellenfamilie den Grubenbesitz von seinem Vater geerbt hatte. Später baute hier die Zeche „Graf Wittekind", die von 1858 an bis etwa 1900 betrieben wurde.

Der etwa 1,6 km langer Lehrpfad vermittelt dem Besucher an zahlreichen Einzelpunkten (Stollenmundlöcher, Schächte, Pingenfeld, Steinbruch) mit Erläuterungstafeln einen Einblick in die Erdgeschichte und in die frühe Arbeitswelt der Steinkohlengewinnung dieses Raumes. Auch die wieder ausgegrabenen unterirdischen Abbaue können in kleinen Gruppen besucht werden. Hierzu ist eine vorherige Anmeldung beim Förderverein Bergbauhistorischer Stätten Ruhrrevier e.V., Arbeitskreis Dortmund, Herr Bücking (Tel. 0231/71 36 96), notwendig.

Bergbau des 19. Jahrhunderts: Im Stollen Graf Wittekind

6 Vom Meer zum Land

Schiffswinkel, Herdecke

Am Westufer des Hengstey-Sees östlich von Herdecke ist in der Straßenböschung der Zufahrt zum RWE-Kraftwerk „Koepchenwerk" eine Folge mehrerer Gesteinsschichten zu sehen. Man kann beim Restaurant „Schiffswinkel" parken und sollte dann der Uferstraße zu Fuß etwa 400 m weit folgen, bis linkerhand eine Informationstafel des „Energiewirtschaftlichen Wanderwegs Herdecke" auf eine Gesteinsfalte in der Straßenböschung aufmerksam macht. Von hier gehen wir dann zurück zum Parkplatz. Die Schichtenfolge entlang des Seeufers reicht von der Ziegelschiefer-Zone des Namurs bis zu den Kaisberg-Schichten. Ihre Bildungszeit dürfte etwa 500.000 Jahre umfassen.

Im Bereich der Gesteinsfalte treten abwechselnd Ton- und Sandsteinlagen auf, die der Ziegelschiefer-Zone angehören. Diese Gesteine entsprechen in etwa denen im Ziegelei-Steinbruch in Hagen-Vorhalle (Aufschluss 7). Sie wurden küstennah im Meer abgelagert. Nach Norden hin, in Richtung auf das Kraftwerk, liegen die Schichten fast flach. Im Umbiegungsbereich der Falte, dem so genannten Faltenscharnier, biegen sie dann ziemlich abrupt in ein steiles Einfallen um. Die Faltenform, die hier erkennbar ist, mit flach liegendem Mittelteil und steilen Flanken, wird als Koffersattel bezeichnet.

Gehen wir nun den Weg zurück zum „Schiffswinkel", kommen wir in immer jüngere Gesteine. Zunächst herrschen noch Tonsteine vor, wie sie für Meeresablagerungen typisch sind. Hinter einem Absperrgitter tritt uns dann aber als erstes mächtiges Sandsteinpaket in der Böschung der Grenzsandstein entgegen. Sein Auftreten markiert die Grenze zwischen dem älteren flözleeren und dem jüngeren flözführenden Oberkarbon. Zu dieser Zeit erstreckte sich in unserem Gebiet ein flaches Meer, das im Süden von einer Küstenebene begrenzt wurde. Dahinter, etwa dort wo heute Spessart und Odenwald liegen, faltete sich zu dieser Zeit das Variscische Gebirge auf, dessen Front sich ganz allmählich nach Norden fortschob. Von diesem Gebirge her verfrachteten Flüsse große Mengen an Abtragungsmaterial als Sediment in das Meeresbecken. Der Grenzsand-

Vergeblicher Bergbauversuch: Stollen „Gotthilf"

stein ist der älteste der Schwemmfächer, der bis weit in das Becken hinein verlagert wurde.

Dieses früheste Flussdelta wurde aber zunächst wieder vom Meer überflutet, wie die nun wieder in der Straßenböschung folgenden Tonsteine zeigen. Schon bald aber baute sich erneut ein Flussdelta auf, dessen Ablagerungen uns nun als „Kaisberg-Sandstein" entgegentreten. Die Ablagerungen dieses Deltas können wir auch am namengebenden Kaisberg in Hagen sehen (Aufschluss 8). Sie ragten offenbar zeitweilig über die Wasseroberfläche des Meeres hinaus, so dass dort Bäume wachsen konnten. Überreste der Wurzeln dieser Bäume können wir an der Oberkante des Sandsteinpaketes erkennen.

Aber auch dieses Flussdelta war nicht stabil. Erneut erfolgte eine Überflutung durch das Meer, dessen Ablagerungen nun wieder die Straße begleiten. Bei Kilometer 1,27 der Straße lässt sich eine fossilführende Schicht finden, in der vor allem die Überreste winziger Meeresbewohner, so genannter Foraminiferen, auftreten. Erneute Wechsel zwischen Ton- und Sandstein, der Sengsbänksgen-Sandstein und der Sengsbank-Sandstein deuten auf den Kampf zwischen Meeresüberflutung und Sedimenteintrag durch die Flüsse hin. Mit der Ablagerung des Sengsbank-Sandsteins stand der Sieger zunächst fest: Das Gebiet fiel für einen längeren Zeitraum soweit trocken, das sich ein Waldmoor auf dem sandigen Untergrund ausdehnen konnte. Aus seinen torfigen Ablagerungen entwickelte sich das Flöz Sengsbank, das hier etwa 50 cm Kohle führt. Wir erkennen dieses Flöz am Stollen „Gotthilf", dessen rekonstruier-

tes Mundloch etwas versteckt hinter dem ersten Wohnhaus liegt. In der Zeit von 1822 bis 1846 wurde hier versucht, die Kohle abzubauen. Da das Flöz aber nur geringmächtig und zudem von Gebirgsstörungen durchzogen ist, kam es nicht zu einem längerfristigen Abbau.

Bei aufmerksamer Betrachtung fällt auf, dass das Kohleflöz und die unmittelbar hinter der links vom Stollenmundloch befindlichen Garagen auftretenden Schichten entgegengesetzt zur bisher durchwanderten Schichtenfolge geneigt sind. In dem kleinen Tälchen nördlich des Stollenmundlochs verbirgt sich der Kern einer Gesteinsfalte. Es ist die so genannte Hiddinghäuser Mulde.

Im Aufschluss am „Schiffswinkel" erkennen wir somit den Übergang vom Meer zum Land. Er war die Voraussetzung für die Bildung ausgedehnter Kohlemoore in den folgenden Abschnitten der Oberkarbonzeit, die Grundlage des bis heute bedeutsamen Steinkohlenbergbaus wurden.

Faltenscharnier am Straßenrand

Die Umbiegung des Koffersattels am Schiffswinkel

7 Libellen von Weltruf

Steinbruch Hagen-Vorhalle

In der Ziegeleigrube Hagen-Vorhalle wurden ursprünglich Tonsteine abgebaut und in einem benachbarten Klinkerwerk zu keramischen Erzeugnissen verarbeitet. Dieser Betrieb liegt aber schon lange still.

Bei den Gesteinen handelt es sich um eine Wechselfolge von dunklen Tonsteinen mit Sandsteinen, die nach ihrem Fundort als Vorhalle-Schichten bezeichnet werden. Die ursprünglich horizontal abgelagerten Schichten wurden bei der Bildung des so genannten Variscischen Gebirges zu spektakulären Falten zusammengeschoben, die allein einen Besuch des Aufschlusses lohnen. Mehrere spitze Sättel und Mulden mit steilen Flanken stehen nebeneinander in der Aufschlusswand. Vorsicht, direkt an der Steinbruchswand besteht Steinschlaggefahr.

Der ehemalige Ziegelei-Steinbruch in Hagen-Vorhalle ist aber darüber hinaus ein weltweit be-

Spitz gefaltete Schichten

Ein Geißelskorpion: Geralinura naufraga

deutender Fundort für Pflanzen und Tiere, die vor etwa 320 Millionen Jahren in einem als Namur bezeichneten Zeitabschnitt des Karbons lebten. Wegen der großen wissenschaftlichen Bedeutung der hier auftretenden Fossilien steht die Aufschlusswand unter Naturschutz und ist ein eingetragenes Bodendenkmal. Das Sammeln von Fossilien ist deshalb nicht gestattet. Wer sich die hier gefundenen Fossilien ansehen möchte, dem sei ein Besuch im nahe gelegenen Museum für Ur- und Frühgeschichte im Schloss Werderingen empfohlen, das eine Kollektion der Vorhaller Funde präsentiert.

Seit Anfang der 1980er Jahre konnten hier bei Ausgrabungen, die vor allem vom Westfälischen Amt für Bodendenkmalpflege durchgeführt wurden, rund 16.000 Fossilien aus den Gesteins-

*Urtümliches Rieseninsekt:
Homioptera vorhallensis*

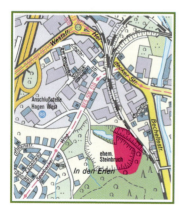

schichten geborgen werden. Die wissenschaftlichen Arbeiten an der Fossilfunde ergaben interessante Einblicke in die damalige Lebenswelt. So zeigte sich, dass in den Schichten, die am Meeresboden entstanden, sowohl Meereslebewesen wie Landbewohner nebeneinander überliefert worden sind.

Zu den typischen Meeresfossilien zählen unter anderem Muscheln und Verwandte der heute lebenden Tintenfische, die Goniatiten-Art Bilinguites metabilinguis. Vom Festland stammen dagegen Pflanzenreste. Häufig findet sich auf den Schichtflächen

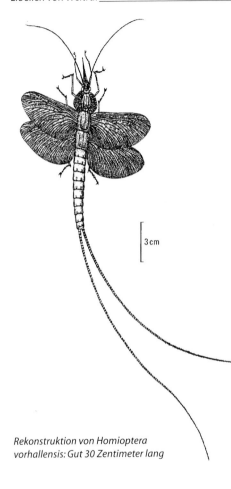

3 cm

Rekonstruktion von Homioptera
vorhallensis: Gut 30 Zentimeter lang

dron) und dem „Siegel-baum" (Sigillaria), die zu den Bärlappgewächsen gehören, baumgroßen Schachtelhalmen (Calamites) oder Farnen.

Weltberühmt ist die Fundstelle jedoch wegen der hier vorkommenden fossilen Insekten und Spinnentiere. Der Stammbaum der heute mit ca. 1 Million Arten zahlenmäßig weltweit größten Tierklasse der Insekten lässt sich 400 Millionen Jahre in die Vergangenheit zurückverfolgen. Die ersten Insekten waren flügellos. Fossilfunde dieser urtümlichsten Formen stammen zum Beispiel aus Schottland, Ost-Kanada oder den USA. Die Fossilfunde aus Hagen-Vorhalle zählen zu den ältesten bisher bekannten geflügelten Insekten. So zum Beispiel Homioptera vorhallensis, eine urtümliche Libelle mit primitiven Flügelmechanismen. Der Flug dieses Insektes wurde durch lange Schwanzfäden unterstützt, die bis zu 20 cm lang waren. In Ruheposition konnte es seine Flügel nicht auf dem Rücken zusammen-

„Pflanzenhäcksel", kleine, zerfallene Blattreste. Aber es fanden sich auch ganze Blätter, belaubte Zweige und Stammreste von urtümlichen Bäumen wie dem „Schuppenbaum" (Lepidoden-

klappen, wie es bei den meisten der heutigen Libellen der Fall ist.

Ein anderes geflügeltes Insekt aus Hagen-Vorhalle ist Namurotypus sipelli, eine Libelle mit kompliziertem Flügelmechanismus. Die Flügelspannweite dieser Art erreichte teilweise bis zu 32 Zentimetern. Die Flügelspannweite heutiger Libellen beträgt wenige mm bis max. 19 cm.

Zu den aus Vorhalle bekannten Spinnentieren (Arachniden) zählt z.B. der Geißelskorpion Geralinura naufraga. Das zierliche Spinnentier mit einer maximalen Körperlänge von 16 mm war wahrscheinlich braun gefärbt, lebte versteckt unter abgefallenem Laub, Steinen oder der lockeren Borke von Bäumen. Sein vorderes Beinpaar war zu langen Tastorganen umgestaltet. Tausendfüßler, Asseln, Würmer und Landschnecken standen auf seinem Speiseplan. Drohte dem nachtaktiven Tier Gefahr, so nutzte es eine eigens produzierte chemische Substanz, mit der es seine Feinde überwältigen konnte. Dieses „Gift" konnte es aus einer Öffnung am hinteren Körperende auf seine Feinde abfeuern.

Wie schon anfangs angemerkt, wurden im Aufschluss Hagen-Vorhalle sowohl Meeresbewohner wie Landlebewesen aus ein und derselben Schicht geborgen. Hieraus ergibt sich die Frage: Wie

sah das damalige Landschaftsbild im Bereich des heutigen Steinbruches aus? Wahrscheinlich war es eine Lagune oder Bucht, ein Lebensraum in einem subtropischen Küstenbereich. Im warmen Wasser dieser Lagune gab es kaum Wellenschlag. Vom offenen Meer her wurden Goniatiten in dieses Gewässer verdriftet, während vom Land her Treibholz mit-

Libelle der Vorzeit: Namurotypus sipelli

samt den darauf herumkrabbeln-den Spinnen eingeschwemmt wurde. Hin und wieder unterbra-chen Unwetter die Ruhe dieses Gewässers und trieben Fluginsek-ten auf die offene Wasserfläche, wo sie ertranken.

Wer heute trockenen Fußes den Steinbruch in Hagen-Vorhal-le begeht, kann sich nur schwer vorstellen, dass dort vor über 300 Millionen Jahren tintenfischartige Tiere durch das seichte warme Wasser einer waldumsäumten La-gune schwammen und Riesenli-bellen über dem Wasserspiegel durch die Lüfte segelten.

8 Treibholz im Kaisbergfluss

Kaisberg; Hagen

Von der Zufahrt zum S-Bahnhof Hagen-Vorhalle an der Herdecker Str. zweigt eine beschilderter Fahrweg zum „Klärwerk Hagen" ab. Dort, wo dieser Fahrweg den Waldrand erreicht, zweigt links ein Fußweg ab, der den Hang des Kaisbergs hinauf zu einer kleinen Eisenbahnbrücke führt.

Der Eisenbahneinschnitt am Kaisberg gehört zu den „klassischen" Aufschlüssen der Ruhrgebietsgeologie. Es handelt sich um den namengebenden Ort, den „locus typicus", der so genannten Kaisbergschichten, des untersten Abschnitts des kohleführenden Oberkarbons. Die Kaisbergschichten enthalten vier dickbankige Sandsteinlagen (den Sengsbank-Sandstein, den Sengsbänksgen-Sandstein, den Kaisberg-Sandstein und den Grenzsandstein) sowie einige dünne Kohlenflözchen. Die gesamte Schichtenfolge ist in den Böschungen der Eisenbahnstrecke aufgeschlossen. Wegen des Zugverkehrs können wir sie hier jedoch nicht genauer untersuchen – wir lernen sie aber auch im Aufschluss am Schiffswinkel (Aufschluss 6) kennen. Die Kaisberg-

schichten bilden hier, zusammen mit den älteren, darunterliegenden Schichten der Ziegelschieferzone, eine nach unten gewölbte Gebirgsfalte von fast einen Kilometer Spannweite, die so genannte Hiddinghäuser Mulde. Der Fußweg, der unter der Bahnunterführung hindurchführt, folgt kurz danach durch ein kleines Tälchen bergauf exakt dem Verlauf des Muldenkerns. Die beiden Seiten einer Mulde werden als Schenkel oder Flanke und das Zentrum als Kern bezeichnet.

Direkt hinter der Eisenbahnunterführung finden wir den dickbankigen Sengsbank-Sandstein. Die Schichten sind deutlich nach rechts geneigt, das heißt, sie fallen nach Norden ein. Wenige Meter weiter an der Wegbiegung liegt über dem Sandstein das dünne Flöz Sengsbank. Es ist in diesem Teil des Ruhrgebietes das älteste Flöz. Wie schon erwähnt, bildet das Tälchen oberhalb von Flöz Sengsbank den Muldenkern. Wir laufen einige Meter das Tal bergauf und können rechts des Weges (hinter einer Felsrippe oben in der Böschung) erneut das Flöz Sengsbank finden. Diesmal

Im Querschnitt größer als ein Mensch: Baumstamm im Kaisberg-Sandstein

sehen wir es auf dem nördlichen Muldenschenkel, dort fällt es steil nach Süden hin ein. Durch eine Gebirgsstörung (Überschiebung) ist der Schichtenverband zerrissen, so dass einige Gesteinsbänke doppelt auftreten.

Der Fußweg führt nun im Muldenkern treppenartig ausgebaut bergauf bis zu einer Kreuzung. Dort hält man sich links und folgt der am Waldrand entlangführenden Lindenallee bis zu einer auffälligen Geländestufe. Hier folgt man nicht dem Wanderweg weiter zum Freiherr-vom-Stein-Turm, sondern biegt erneut links in einen überwachsenen früheren Fahrweg ein, der zu einem oberhalb der Bahnstrecke gelegenen Steinbruch führt. Dieser besteht aus mehreren Teilen, in denen vor allem der Kaisberg-Sandstein und der Grenzsandstein gut aufgeschlossen sind. Von der steilen

Bruchkante aus genießen wir einen schönen Blick in östliche Richtung über das Ruhrtal. Nach rechts biegt der Weg zunächst an der nur undeutlich zu erkennenden Rippe des Sengsbänksgen-Sandsteins vorbei in den vorderen Steinbruchteil. (Dieser Bruch ist ein „Geschützter Landschaftsbestandteil".) Hier ist der Kaisberg-Sandstein hervorragend aufgeschlossen. Dieser Sandstein bildete sich vor etwa 317 Millionen Jahren in einem großen Delta an der Küste des Karbonmeeres. Hier mündete ein Fluß, der Schlamm und Sand aus einem im Süden gelegenen Gebirge heranführte. In der Steinbruchswand erkennen wir Querschnitte durch ehemalige Flussrinnen. Die Abflussrinnen innerhalb des Deltas verlagerten sich immer wieder und wurden mit Sand aufgefüllt. Teilweise wurde Material auch wieder abgetragen und umgelagert. Wenn wir heute vor der Bruchwand stehen, sehen wir deshalb einen Stapel sich einander durchschneidender Rinnenkörper.

Besonders bemerkenswert sind zwei fossile Baumstämme, die in den Sandstein eingelagert sind. Sie wurden als Treibholz vom damaligen „Kaisberg-Fluss" herantransportiert und in den Ablagerungen des Flussdeltas verschüttet. Die karbonzeitlichen Bäume gehörten einer uns fremd-

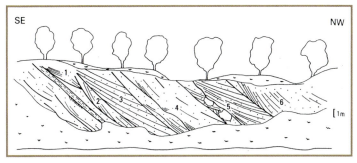

Ehemalige Flussrinnen im Kaisberg-Sandstein

artig erscheinenden Lebenswelt an: Sie wurde beherrscht von baumhohen Farnen, Schachtelhalmen und Bärlappgewächsen. Diese Bäume besaßen keine feste Holzsubstanz, sondern die Stämme waren hohl oder nur mit einem faserigen Material gefüllt, das kaum erhaltungsfähig war. Man findet von diesen Pflanzen daher meist nur Abdrücke der Rinde, Blätter oder Äste und Zweigabschnitte. Auch die fossilen Stämme in diesem Steinbruch sind hohl, so dass man sich bequem hinein hocken kann.

Umgeht man nun die folgende Gesteinsrippe, so gelangt man in den hinteren Steinbruchteil. Hier bietet der Grenzsandstein ein ganz ähnliches Bild wie der Kaisberg-Sandstein: Auch er wurde in einem Flussdelta abgelagert, das sich aus immer wieder verlagernden Rinnen zusammensetzte. Der Grenzsandstein hat seinen Namen daher, dass er im Raum Hagen die Grenze zwischen den flözführenden Abschnitt des Oberkarbons und den flözleeren älteren Schichten bildet.

9 Weich wie Stein

Der Harkortsattel, Wetter

Oberhalb des Harkortsees befindet sich im Ardeygebirge der Harkortberg. Der überwiegend bewaldete Berg erhebt sich mit einer maximalen Höhe von 228 m zwischen den Orten Wetter und Herdecke im südlichen Ruhrgebiet. Einige Rundwanderwege, ein Aussichtsturm (Harkortturm) sowie Parkanlagen locken viele Besucher in das mittlerweile beliebte Naherholungsgebiet. Für diejenigen, die erfahren wollen, mit welchen Naturgewalten unsere Erde agiert, ist der Harkortberg sicherlich ein ideales Ausflugsziel. Zahlreiche Steinbrüche bieten einen Einblick in die Erdgeschichte.

Eine Falte im Berg? Würde man den Harkortberg wie eine Torte einmal quer durchschneiden, so könnte man im Innern die Gesteinsschichten erkennen: Die einzelnen Schichten sind über eine Länge von einigen Hundert Metern zu einer großen Falte geformt. Die Falte am Harkortberg ähnelt der Form eines Kastens oder eines Koffers.

Wie entstehen Falten? Der Begriff Falte besagt, dass die ursprünglich eben liegenden Schichten verbogen wurden. Dieser Vorgang ähnelt dem Zusammenschieben einer Tischdecke, Nach oben gewölbte Falten nennt man Sattel oder auch Antiklinale; nach unten gewölbte Falten werden als Mulde oder Synklinale bezeichnet. Die beiden Seiten einer Falte werden als Flanken und das Zentrum als Kern bezeichnet. Je

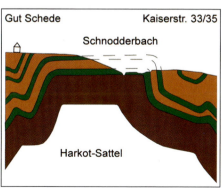

Querschnitt durch den Harkotsattel bei Wetter

Gut Schede · Kaiserstr. 33/35

Schnodderbach

Flach liegende Sandsteine unterhalb Gut Schede

Harkot-Sattel

Senkrecht stehende Sandsteinschichten am Ausgang des Schnodderbachtals

nach der Form der Falten werden Spitzfalten oder Rundfalten unterschieden. Der Harkortsattel besitzt steile, fast senkrecht einfallende Flanken und eine annähernd horizontal liegende Oberseite. Er ähnelt daher im Querschnitt einem

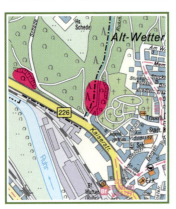

Kasten oder einem Koffer, weshalb eine solche Struktur im Fachjargon auch „Kofferfalte" genannt wird. Verschiedene Faltenformen lassen sich gut am Ruhrufer bei Niederwenigern studieren (Aufschluss 17).

Daran, dass viele Gesteinsfalten entstehen, ohne dass es zum Zerbrechen des Gesteins kommt, lässt sich ablesen, dass auch das so hart erscheinende Gestein in Wirklichkeit wie ein weiches Material biegsam ist. Nur müssen die angreifenden Kräfte groß genug sein und eine lange Zeit zur Verformung zur Verfügung stehen.

Bei der Kofferfalte des Harkortberges handelt es sich um einen Sattel. Wir haben zwar nicht die Möglichkeit, den Koffer-förmigen

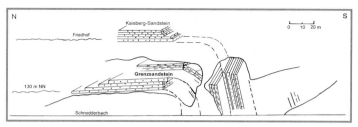

Die Aufschlüsse am Ausgang des Schnodderbachtals

Harkort-Sattel in seiner Gesamtheit zu sehen, aber es bieten sich etliche Steinbrüche und Weganschnitte, die einen Einblick in den Aufbau des Untergrundes ermöglichen. So sind uns zum Beispiel durch einen kleinen Steinbruch im Bereich des Schnodderbachs an der Auffahrt zum Gut Schede am nördlichen Ortsrand von Wetter die Gesteinsschichten des Untergrundes erschlossen. Dieser rechts hinter einer Gasstation gelegene Steinbruch ist ein Aufschluss des Kaisbergsandsteins. Die Schichten stehen hier sehr steil, das heißt fast senkrecht. Nur einige Zehnermeter weiter nördlich, jenseits eines beim Abbau der Sandsteine stehen gelassenen Sporns tritt uns dann aber die Partie des etwas tiefer liegenden Grenzsandstein in annähernd flacher Lagerung entgegen. Am rechten Rand des Aufschlusses ist gerade noch das Umbiegen der Schichten in die steile Flanke angedeutet.

Auch die Auffahrt zum Gut Schede, die am Parkplatz am unteren Ende des Schnodderbachtals nach Nordwesten hin abzweigt, schließt diese Faltenumbiegung auf. Sie ist hier in den Schichten unterhalb des Kaisberg-Sandsteins zu erkennen. Der Sandstein selbst steht etwas weiter den Weg hinauf in der Böschung an und zieht dann schräg zum Hang allmählich zur Bundesstraße hinab. Dort ist er in einer Reihe von Steinbrüchen und einer Felswand unmittelbar an der Straße gut zu sehen. Bemerkenswert sind hier zahlreiche Ablagerungsstrukturen im Gestein, wie etwa Rinnenbildungen oder Schrägschichtungskörper.

Der Übergang von der steilen Südflanke des Harkort-Sattels zur südlich anschließenden Mulde ist in der Böschung hinter dem Haus Kaiserstraße 33/35 in Wetter aufgeschlossen. Im linken Teil der teilweise von Efeu überwucherten Felsböschung stehen die Schichten noch steil. Sie biegen anschließend allmählich in fast flache Lagerung um.

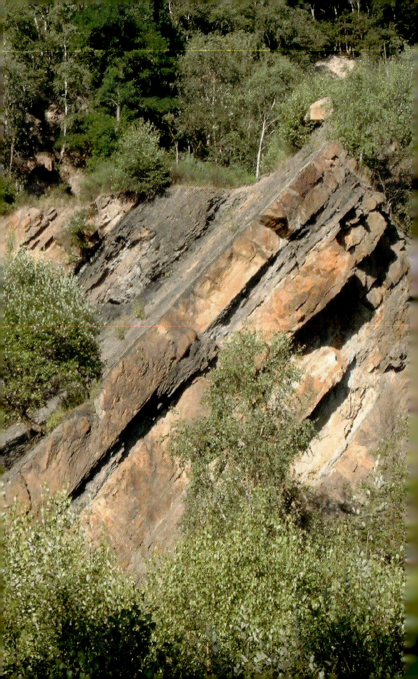

10 Zwischen Gottessegen und Dreckbank

Steinbruch Rauen, Witten-Gedern

Der Steinbruch Rauen befindet sich nordöstlich von Witten-Gedern am Wartenberg. Er ist ein eingetragenes Naturdenkmal, was bedeutet, dass hier das Sammeln von Fossilien nicht gestattet ist. Zumindest größere Exkursionsgruppen sollten ihren Besuch bei der Unteren Landschaftsbehörde des Ennepe-Ruhr-Kreises in Schwelm anmelden.

Seit dem Ende des 18. Jahrhunderts bis ins 20. Jahrhundert hin-

ein fand hier zunächst Steinkohlenbergbau statt. Nach Einstellung des Bergbaus wurde dann ein Sandsteinbruch angelegt, der von Westen her tief in den Wartenberg einschneidet, so dass hier heute ein etwa 200 m mächtiges Gesteinspaket bloß liegt. Es handelt sich dabei um Schichten aus dem Grenzbereich der Unteren und Oberen Sprockhövel-Schichten. Sie gehören zum Abschnitt Namur C des Oberkar-

Ein Steinbruch von beeindruckender Größe gibt Einblick in die Schichtenfolge des Karbons

Steter Wechsel von Sandstein, Tonstein und Kohle

bons.. Die Schichtenfolge besteht aus Tonstein, Schluffstein (etwas grobkörniger als Tonstein), Sandstein und Steinkohlenflözen, die sich mehrmals in gleicher Reihenfolge wiederholen. Dadurch läßt sich eine zyklische Gliederung erkennen. Die Mächtigkeit der einzelnen Zyklen beträgt zwischen 15 und 30 m. Der Zyklus beginnt immer mit einem Sandstein, der stellenweise neben feinen Sandkörnern auch größere, gerundete Kiese enthalten kann. Solche Sandsteine werden auch als Konglomerate bezeichnet. Darüber folgen in der Regel Schluffstein, dunkler fossiler Wurzelboden, ein Steinkohlenflöz und abschließend Tonstein. Danach beginnt der nächste Zyklus, wiederum mit einem Sandstein. Solche zyklischen Schichtenfolgen, Cyclotheme genannt, sind typisch für das Oberkarbon.

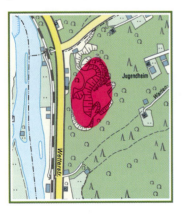

Aus den Cyclothemen, wie wir sie im Steinbruch Rauen sehen können, kann man vergleichsweise wie aus einem Buch lesen. Mit dem Buchtitel „wechselnde Landschaftsbilder – vom Meer zum Moor" könnte das einleitende Kapitel folgendermaßen lauten:

„In den vielen Jahrmillionen der Steinkohlenzeit (flözführendes Oberkarbon) senkte sich das Land ab, in dem wir heute die Kohlenflöze finden. Das heutige Ruhrgebiet lag im Küstenbereich eines Meeres. Flüsse beförderten zeitweise Sand und Geröll in das flache Meeresbecken. Die Sand- und Geröllmassen waren Abtragungsschutt des im weiter Süden gelegenen so genannten Variscischen Gebirges. Teilweise konnte über längere Zeiträume so viel zerkleinertes Gesteinsmaterial in den Flussrinnen und im nahen Küstenbereich abgelagert werden, so dass ganze Landschaftsbereiche verlandeten. Auf diesen verlandeten Bereichen wuchsen im damaligen feucht-warmen Klima urtümliche Farngewächse, riesige Schachtelhalme und große bis über 40 m hohe seltsam aussehende Bärlappbäume. Es entstanden Waldsumpf-Landschaften. Abgestorbene Pflanzen versanken im Schlamm und gerieten dabei unter Luftabschluss. Durch den fehlenden Sauerstoff konnten sie nicht verfaulen, sondern sie vertorften. In einem Zeitraum von etwa 10.000 Jahren bildeten sich über sieben Meter Torfschichten. Sank der Untergrund schneller ab, als das Moor wachsen konnte, so ertranken die Pflanzen. Die Moorlandschaft wurde erneut überflutet und es lagerten sich meist feinkörnige, schlammig-tonige Sedimente ab. Verlangsamte sich die Absenkung des Untergrundes oder lieferten die Flüsse aus dem Hinterland besonders viel Material, baute sich das nächste Flussdelta auf, auf dem sich schließlich wieder ein Moor ausbreiten konnte. Dieser Kreislauf wiederholte sich über einen Zeitraum von mehreren 100.000 Jahren. Die Phasen der Verlandung wurden immer länger und häufiger und die Phasen der Überflutungen traten immer seltener auf. So wurden im Ruhrgebiet im Verlauf des Oberkarbons mehrere Kilometer mächtige Gesteinsschichten bestehend aus einer Wechselfolge von Sand-, Schluff-, Tonstein und Torflagen abgelagert.

Die mächtigen Lockermassen wurden durch nachfolgende Ablagerungen zusammengepresst, entwässert und kompaktiert. Aus zuvor locker gelagertem Sand wurde Sandstein, aus Ton wurde Tonstein, aus abgestorbenen Pflanzen wurde Torf und letztendlich Steinkohle. Das gesamte Schichtpaket ist jetzt noch rund 4.000 m mächtig."

Riesige Schichtflächen liegen bloß

Wie entsteht Steinkohle? Damit ein Steinkohlenflöz mit einer Mächtigkeit von einem Meter entstehen kann, müssen mindestens 7 Meter Torf abgelagert werden. Im Laufe der Zeit und mit zunehmender Überdeckung weiterer Schichten wird das mächtige Torflager entwässert und zusammengepresst. Durch die mit der Versenkungstiefe zunehmende Temperatur werden chemische Prozesse ausgelöst, durch die gasförmige Komponenten, vor allem Methangas, freigesetzt werden, so dass sich der Kohlenstoffgehalt des Gesteins relativ erhöht. So geht der Torf in Braunkohle über. Bei noch höheren Temperaturen, wie sie in größeren Tiefen unserer Erdkruste anzutreffen sind (geothermischer Tiefengradient: im Schnitt nimmt die Temperatur ab der Erdoberfläche pro 100 m Tiefe um etwa 3 °C zu) wandelt sich schließlich die Braunkohle in Steinkohle um. Dieser Vorgang wird als Inkohlung bezeichnet. Je höher der Inkohlungsgrad, desto härter und glänzender ist die Kohle und desto höher ist der Kohlenstoffgehalt und der Brennwert der Kohle.

Wir beginnen den Rundgang auf der unteren Steinbruchsohle mit einem ersten Überblick: Die große östliche Wand besteht aus dem mächtigen Neuflöz- und Wasserbank-Sandstein. Unter-halb des Wasserbank-Sandsteins sind die dunklen Lagen der Wasserbank-Flözgruppe zu erkennen. Im Süden blicken wir auf eine riesige freiliegende Schichtfläche im Hinnebecke-Bereich. Auf dieser steilen Fläche erfolgte während des aktiven Steinbruchbetriebes der Transport des Rohsteins über Schienen, von der oberen zur unteren Sohle. Die steile Schichtenabfolge endet auf der rechten Seite an der hellen, haldenartigen Gesteinsrippe. Es handelt sich hierbei um eine Störungszone, die den ganzen ehemaligen Steinbruch in NW-Richtung durchzieht.

Wir folgen nun dem Weg, der rechts in einem Bogen durch den Wald zur oberen Steinbruchsohle hinaufführt. Hier beginnt das Profil mit dem Flöz Gottessegen, dessen Kohle durch einen großen Anteil von Sand und Ton verunreinigt ist. Das Moor, das dieses Flöz bildete, wurde vom Meer überflutet, wie die über der Kohle liegenden Tonsteine erkennen lassen. Mit etwas Geduld sind hier Überreste von Meeresorganismen zu finden: die Schalen von Muscheln und vor allem die Grabbauten von Würmern, die im Schlick am Meeresboden lebten. Hierüber folgt ein mächtiges Sandsteinpaket, der Sandstein im Liegenden von Flöz Besserdich. Im unteren Teil sind diese Sandsteine paral-

Alter Seeboden: Muschelpflaster im „Hinnebecke-Horizont"

lelgeschichtet und im höheren Teil schräggeschichtet Die Art der Schrägschichtung, die hier auftritt, deutet auf regelmäßig wechselnde Strömungsrichtungen hin. Wahrscheinlich wurden die Sande unmittelbar am Meeresstrand im Einflussbereich der Gezeiten abgelagert.

Wir durchqueren nun einen schluchtartigen Durchstich bis rechterhand unterhalb von Flöz Besserdich-Unterbank eine größere Schichtfläche eines fossilen Wurzelbodens aufgeschlossen ist. Auf der Schichtfläche sind bis zu metergroße Strukturen zu erkennen, die entfernt an Flaschenbürsten erinnern: Um einen zentralen Strunk herum stehen sternförmig kleinere Anhänge, die Appendices. Es handelt sich bei diesen Relikten um Stigmarien, die fossilen Wurzeln von baumgroßen Bärlappgewächsen, die das damalige Erdreich waagerecht durchzogen. Sie dienten der Verankerung der Bäume und enthielten auch umfangreiche Durchlüftungsgewebe. Wegen der Durchdringung mit Wurzeln ist in den Wurzelböden meist keine Schichtung im Gestein mehr zu erkennen. Das Flöz Besserdich-Unterbank, zu dem dieser Wurzelboden gehört, ist nur wenige Zentimeter dick. Auch Flöz Besserdich-Oberbank ist nur schlecht aufgeschlossen. (Der Name, den die früheren Bergleute diesen

*Relikt des Bergbaus: aus dem zu Bruch gegangenen Abbauhohlraum
in Flöz Neuflöz ragt eine Bahnschiene (Pfeil)*

Der Wurzelboden unter dem Flöz Wasserbank 1

*Calamites, ein karbonzeitlicher
Schachtelhalm*

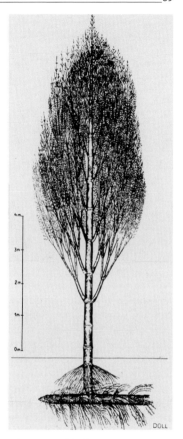

*Rekonstruktion eines
baumgroßen Schachtelhalms*

Flözchen gaben, ist durchaus be-
zeichnend.) Oberhalb dieser Flöze stehen erneut eben geschichtete Ton- und Siltstein mit fossilen
Lebewesen an. Wir finden diese
Fossilien, nachdem der Rundweg
vor der steilen Steinbruchkante
(Vorsicht!) nach rechts in die
schichtparallele Richtung umbiegt. Hier ist rechts oberhalb des
Pfades auf einer großen Schichtfläche ein ganzes Pflaster von
Muscheln zu sehen. Es handelt
sich um die Brackwassermu-
scheln Carbonicola und Naiadi-
tes. Oberhalb dieses Muschel-

pflasters schließt die Schichtenfolge von Flöz Besserdich mit sandigen Ablagerungsgesteinen ab.
Eine schwache Durchwurzelung
dieser Schichten (Hinnebecke-
Niveau) zeigen eine erneute Verlandung an.

Der nun folgende Hinnebecke-
Horizont mit fossilen Meeresorganismen, wie zum Beispiel den tin-

Lepidodendron, der Schuppenbaum

Rekonstruktion des Schuppenbaums

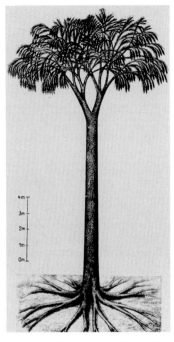

tenfischähnlichen Goniatiten, wird in der Südostecke des Steinbruchs von einem mächtigen Sandsteinpaket überlagert. Es handelt sich hierbei um den so genannten Neuflöz-Sandstein, der sich während eines Tiefstandes des Meeresspiegels rasch ablagerte. Die Flüsse, die die großen Sandmengen heranführten, schnitten sich stark in ihr Unterlager ein. Dies kann man am Kontakt zwischen Hinnebecke-Horizont und Sandstein deutlich erkennen. Der Hinnebecke-Horizont ist normalerweise etwa 15 bis 20 m mächtig. Hier wurde jedoch durch die strömenden Flüsse das Material wieder abgetragen, so dass lediglich 3 m übrig blieben. Die Schüttung des Sandsteins erfolgte offenbar durch katastrophale Hochwasser, wie uns besonders eine chaotisch erscheinende Lage von zusam-

men geschwemmtem Holz, das so genannte Sandflöz im unteren Teil des Sandsteins zeigt. Auch innerhalb der Sandsteinbänke sind eingeschnittene Rinnen zu erkennen. Häufig ist der Sandstein eben bis flach Trog-förmig schräggeschichtet. Er führt stellenweise Kieslagen sowie grobe Treibhölzer, die ebenfalls auf eine hohe Strömungsenergie hinweisen. Über diesem Sandstein liegt Flöz Neuflöz, das aber fast vollkommen abgebaut ist. Lediglich direkt an der Oberkante des Steinbruchs ist noch ein geringer

Kohlerest zu erkennen. Der ehemalige Abbauhohlraum hat sich unter dem Gebirgsdruck wieder weitgehend geschlossen. Lediglich eine Eisenschiene, die in halber Höhe aus der Steinbruchwand herausragt, ist ein Zeuge des hier am Ende des 19. Jahrhunderts betriebenen Bergbaus.

Auch das nächste Flöz Wasserbank 1 ist weitgehend abgebaut. Die Grenze zwischen dem abgebauten Flöz und den noch vorhandenen Kohlelagen lässt sich unterhalb der oberen Steinbruchsohle deutlich erkennen. Eindrucksvoll ist die große Schichtfläche des Wurzelbodens unter Flöz Wasserbank 1. Hier liegen große Stigmarien mit ihren Wurzelanhängen frei. Über dem Flöz Wasserbank 1 folgen 3 m Tonsteine mit zahlreichen Pflanzenresten und eine dünne Kohlelage ohne deutlichen Wurzelboden. Am häufigsten finden sich Reste von Schachtelhalmen (Calamites), seltener Stammreste von baumgroßen Bärlappgewäch-

sen (Lepidodendron) und Farnen. Darüber folgen ein etwa zehn Meter mächtiger Sandstein sowie die dünnen Kohleflöze Wasserbank 2 und 3. Das einzig bauwürdige Flöz der Wasserbank-Flözgruppe wurde früher als Flöz „Dreckbank" bezeichnet. Da sich Kohle aus einem Flöz „Dreckbank" aber schlecht verkaufte, wurde das Flöz später umbenannt.

Ein karbonzeitlicher Farn und sein heutiger Nachfahre

11 Flusslauf im Karbonmoor

Steinbruch „Am Kleff", Witten

Die fast zwei Kilometer lange Böschung entlang der Herbeder Straße in Witten zwischen der Ruhrtalstraße (B 226) und Witten-Heven erschließt die sandsteinreiche Schichtenfolge der Oberen Witten-Schichten. Das Bild der Straßenabzweigung an der Ruhrtalstraße wird von der Klippe des massigen, mittelkörnigen Schöttelchen-Konglomerates beherrscht, das bereits die Basis der Bochum-Schichten bildet. Die Schichten verlaufen fast parallel zur Straßenböschung und scheinen flach zu liegen; in Wahrheit

sind sie aber geneigt, wie man leicht erkennt, wenn man der Straße Richtung Herbede einige Zehnermeter folgt. Noch vor dem ersten Haus auf der rechten Straßenseite erreicht man nun den Kern einer Gebirgsfalte, der Nachtigaller Mulde. Sie ist eine Spezialfalte innerhalb der bedeutenden Wittener Hauptmulde. Es folgt ein schlecht aufgeschlossener Abschnitt, in dem sich die sandsteinärmeren Schichten um die Flözgruppe Girondelle verbergen, die hier mehrfach gefaltet sind. Auffällig ist eine markante, mit etwa

Flöz Mentor überlagert vom Finefrau-Sandstein: In der rechten Aufschlusshälfte hat der „Finefrau-Fluß" das Flöz Mentor abgetragen

Mundloch des Schurfschachtes „Nestor"

60° nach Süden geneigte Sandsteinbank, die stratigraphisch dem unteren Teil der Girondelle-Gruppe zuzuordnen ist. Hier ist ein kleiner Steinbruchbetrieb angelegt. Unmittelbar danach tritt wegen des kurvigen Verlaufs der Straße erneut der Kern der Nachtigaller Mulde auf, so dass sich nun bis hin zur scharfen Rechtskurve der Straße die Schichtenfolge mit flacherem Nordfallen wiederholt. In der Straßenkurve tritt dann der mächtige Finefrau-Sandstein auf, dessen Liegendes vom Flöz Mentor gebildet wird. Dieses ist in einem schönen, wenn auch schlecht zugänglichen Aufschluss unmittelbar hinter dem Ortsschild „Witten-Heven" zu erkennen (Aufschluss „Am Kleff"). Unter Flöz Mentor liegen Ton- bis Schluffsteine („Sandschiefer"), die hier früher für eine Ziegelei abgebaut wurden. Dieser

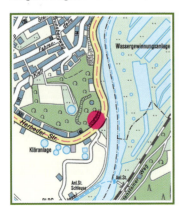

kleine Steinbruch ähnelt stark dem wesentlich bekannteren Steinbruch „Dünkelberg" am Ausgang des Muttentals (Aufschluss 20), den man auch von hier aus jenseits der Ruhr erkennen kann. Gut erhalten ist das Mundloch des schräg in den Berg führenden Schachtes „Nestor". Man nennt solche geneigten Schächte auch „tonnlägig", da die Fördertonnen, mit denen die Kohle aus dem Berg gehoben wurde, auf der Schachtwand auflagen. Der Schacht führte etwa 20 Meter weit hinab zum Flöz Geitling 1, das hier unter dem Straßenniveau auftritt und bereits 1787 abgebaut wurde. Der Schacht und die angrenzenden Grubenbaue wurden während des Zweiten Weltkriegs als Luftschutzstollen genutzt. Später fand noch ein kleiner Nachlesebergbau auf stehen gebliebene Flözreste statt. Je nach Jahreszeit und Bewuchs sieht man den Aufschluss am Besten, wenn man auf der gegenüberliegenden Straßenseite einige Meter in den Weg zur DLRG-Station hineingeht. Betrachtet man sich den Kontakt zwischen dem Finefrau-Sandstein und dem Flöz Mentor genauer, so erkennt man, dass dieses zu den Rändern des kleinen Steinbruchs hin immer dünner wird und schließlich ganz "auskeilt". Dies liegt nun nicht daran, dass hier das „Mentor-Moor" viel-

Versteinerter Kies: das Finefrau-Konglomerat

leicht ein Ende fand und es deshalb nicht zur Kohlebildung kam. Ursache ist vielmehr das Flusssystem, das den Finefrau-Sandstein ablagerte, der zahlreiche Kieslagen enthält, wie sie für Flussablagerungen typisch sind.

Die weite Verbreitung des Finefrau-Sandsteins im südlichen Ruhrgebiet zeigt an, dass es sich offenbar um die Ablagerungen eines großen Stroms handelt, der wahrscheinlich in zahlreiche Arme verzweigt, das moorige Tiefland an der Küste des Karbonmeeres durchströmte. Wir können in unserem Exkursionsgebiet diesen Sandstein an verschiedenen Stellen beobachten (Aufschluss 12, 13, 20). Dabei haben wir aus der Art der Ablagerungen gefolgert, dass in diesem Flusssystem neben Stromrinnen mit schnell fließendem Wasser und hoher Strömung auch eher ruhige Stillwasserbereiche existierten. Das Flusssystem war vielleicht vergleichbar mit den großen Flussläufen, wie wir sie auch heute noch in den tropischen Tiefländern Südamerikas oder Afrikas finden. Die Fließrichtung der Flussläufe, die den Finefrau-Sandstein ablagerten, war generell nach Westen gerichtet, wie Messungen der Schrägschichtung ergaben. Zu der Zeit, als der Finefrau-Strom durch das Karbonsumpfland floss, lag der Meeresspiegel wahrscheinlich sehr

So sah es vor 300 Millionen Jahren im Ruhrgebiet aus:
Tropische Flachmeerküste mit Flussmündungen, Strandbarren,
Lagunen und ausgedehnten Waldmooren (Liberia)

niedrig. Dadurch konnte sich der Fluss tief in den Untergrund einschneiden und trug viel von dem Gestein ab, das schon vorher abgelagert worden war. Erst danach wurden die Stromrinnen dann mit dem Sand und Kies, das der Fluss herantransportierte, allmählich wieder aufgefüllt. Durch die Auswertung zahlreicher Aufschlüsse im Bergbau konnte so im Niveau des Finefrausandsteins ein mehrere Kilometer breites Tal nachgewiesen werden. Es verläuft etwa parallel der heutigen Ruhr von Ost nach West. Dieses Tal wurde dann vollständig mit Sanden und Kiesen aufgefüllt. Der Aufschluss von Wit-

ten-Heven befindet sich am Rande einer solchen Talrinne. Während weiter südlich im Bereich des Muttentals die Basis des Finefrau-Sandsteins noch deutlich über dem Flöz Mentor liegt, schneidet die Flussrinne hier tiefer ein und hat bereits einen Teil des Flözes abgetragen. Noch weiter nördlich, zwischen Bochum und Essen, ist dieses Tal bis zu 20 m tief und reicht bis in den Bereich über Flöz Geitling 2 hinab.

Aus vielen einzelnen Beobachtungen ergibt sich so ein Bild der Landschaft, die vor über 300 Millionen Jahren unser Gebiet bestimmte.

Ein Landschaftsbild der Karbonzeit ...

... und sein heutiges Gegenstück: Farnwald in Neuseeland.

12 Gefalteter Meeresgrund

Steinbruch Klosterbusch im Lottental, Bochum

Am Nordostende des Kemnader Sees liegt das Freizeitzentrum Heveney mit Schwimmbad, Dampferanlegestelle und Bootshafen. Das Freizeitzentrum ist auch Ausgangspunkt der Wander- und Fahrradwege entlang des Nordufers, die an der früheren Zeche Gibraltar entlang nach Bochum-Stiepel führen (vergl. Aufschluss 13). Wir benutzen jetzt aber eine kleine Straße, die etwas etwas versteckt abzweigend durch das Lottental nach Bochum-Querenburg führt. Diese Straße passiert

zunächst die frühere Zeche Klosterbusch, die hier von 1918 bis 1961 betrieben wurde. Die Bergbauwanderwege „Bochum-Süd" und „Ruhr-Uni" führen hier entlang; Informationstafeln erläutern die Bergbaugeschichte.

Der tiefste Schacht der Zeche Klosterbusch erreichte eine Tiefe von 600 m. Die hier im Lottental zu Tage geförderten Kohlen wurden mittels einer Seilbahn über das Ruhrtal nach Herbede transportiert, wo sich die Kohlenwäsche befand, das heißt die Aufbe-

Bis heute erhalten: Gebäude der früheren Zeche Klosterbusch

Die Rippe des Finefrausandsteins auf der Sattelsüdseite

reitungsanlage, wo Kohle und mitgefördertes Nebengestein getrennt wurden. Sie lag direkt an der Eisenbahnstrecke, über die der Versand der Kohlen erfolgte. Von der Grube haben sich noch eine Reihe typischer Gebäude erhalten, so das ehemalige Verwaltungsgebäude, eine Maschinenhalle und auf der gegenüber liegenden Straßenseite einige Wohnhäuser.

Unmittelbar hinter der ehemaligen Zeche macht die Straße eine S-förmige Kurve zunächst nach rechts, dann nach links. In der Linkskurve befindet sich der Eingang in die Versuchsgartenanlage der Ruhr-Universität Bochum. Das Tor ist normalerweise werktags geöffnet; es empfiehlt sich eine telefonische Anmeldung beim Botanischen Garten der Universität oder beim anwesenden Personal. Das Gartengelände be-

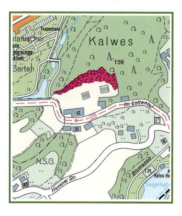

findet sich in einem ehemaligen Steinbruch, der den Südhang des Berges Klawes aufschließt.

Im ehemaligen Steinbruch erkennen wir zur Linken im oberen Teil der Bruchwand den dickbankigen Finefrau-Sandstein, darunter das Flöz Mentor (Geitling 3) und darunter einen teilweise etwas sandigen Schluff- bis Tonstein. Hierunter liegt das Flöz Geitling 2. Über dem Flöz treten selten fossile Linguliden (meeresbewohnende, äußerlich an längliche Muscheln erinnernde Weichtiere) auf. Betrachten wir den Finefrau-Sandstein näher, erkennen wir, dass er in diesem Gebiet sehr grobkörnig ausgebildet ist. In den kiesigen (konglomeratischen) Lagen kommen Gerölle bis zu mehreren Zentimetern Größe vor. Ferner bemerkenswert sind größere Treibholzrelikte, die im Sandstein enthalten sind.

Gehen wir den Hauptweg der Versuchsgartenanlage geradeaus weiter bis zum Ende des Steinbruchs, so erkennen wir vor uns den Querschnitt einer (etwas schräg angeschnittenen) nach oben gewölbten Gesteinsfalte. Es handelt sich hierbei um den Kern des Stockumer Hauptsattels, des südlichsten der großen Sättel, die praktisch das gesamte Ruhrkarbon von Südwest nach Nordost durchziehen. Die Schichten auf der Nordflanke des Sattels sind

Steilstehende, dicke Bänke des Finefrausandsteins

Der Kern des Stockumer Sattels im Steinbruch Klosterbusch

stärker geneigt als die der Süd-flanke. Man nennt einen solchen, etwas asymmetrisch gebauten Sattel nordvergent. Auf der Sattelsüdflanke sind nun auch die Schichten über dem Finefrau-Sandstein aufgeschlossen: Zunächst Flöz Finefrau mit ca. 60 cm Kohle, darüber ein dünner Sandstein und ein Pflanzenreste führender Tonschiefer, dann das dünnere Flöz Finefrau-Nebenbank mit einer mächtigen Tonschieferlage darüber. In diesen Tonschiefern lassen sich mit Glück und abhängig von der jeweiligen Aufschlusssituation die Reste von Meerestieren finden. Es kommen unter anderem Goniatiten (spiralig gewundene Tintenfischgehäuse), Muscheln ver-

schiedener Form, Brachiopoden und andere Fossilien vor. Betrachten wir nun noch einmal die Schichtenfolge im Zusammenhang, so vermag sie uns etwas über die Geschichte eines kurzen Teilabschnittes der Oberkarbonzeit zu erzählen: Ein Moor (Flöz Geitling 2) wurde kurzzeitig vom Meer überflutet und starb dadurch ab (Lingula-Horizont). Das Gewässer verlandete allmählich (fossilfreie Ton- und Schluffsteine) und ermöglichte so das Wachstum eines neuen Moores (Mentor). Dieses Moor wurde wahrscheinlich bei einem Hochwasser (grobkörniges Material, Treibholz) von Sand und Geröll eines großen Flusses überschüttet (Finefrau-Sandstein). Anschließend setzte sich das Moorwachstum mit Ausnahme einer kurzen Unterbrechung fort. Es entwickelten sich die Flöze „Finefrau" und „Finefrau-Nebenbank". Dieses Moor wurde nun erneut vom Meer überflutet. Diesmal hielt die Phase der Meeres-Überflutung offenbar länger an, wie das reichhaltige Fossilmaterial des „Finefrau-Nebenbank-Horizonts" anzeigt. Der stete Wechsel zwischen Meeres- und Landablagerungen ist besonders für den älteren Teil des flözführenden Karbons sehr typisch. In den jüngeren Abschnitten treten die Meereseinflüsse dann allmählich immer mehr zurück und die Schichten mit marinen Fossilien werden seltener.

Der Großteil der Gesteine und Fossilen im Steinbruch Klosterbusch wurde also am Grund eines ehemaligen Meeresbecken abgelagert. Die Ablagerung begann vor etwa 315 Millionen Jahren vor heute, mit dem Beginn des erdzeitlichen Abschnittes Westfal (316,5 bis 305 Millionen Jahre vor heute) Wenige Millionen Jahre später, gegen Ende des Westfals wurden die Gesteine durch Bewegungen in der Erdkruste in Falten gelegt. Der Grund hierfür war die Entstehung eines mächtigen, weiter im Süden gelegenen Gebirges, des so genannten Variscischen Gebirges.

Wenn wir heute im Steinbruch Klosterbusch stehen, sehen wir in den felsigen Wänden ein urzeitliches Dokument, dass innerhalb weniger Hunderttausend Jahre während der Oberkarbonzeit geschrieben wurde. Es ist ein in Falten gelegter ehemaliger Meeresgrund.

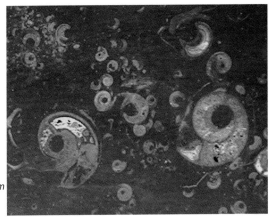

Bewohner des Karbon-Meeres: Goniatiten aus dem Finefrau-Nebenbank-Horizont

13 Zu Fuß nach Gibraltar

Das Ufer des Kemnader Sees, Bochum

Der Kemnader See zwischen Bochum und Herbede ist der jüngste der Ruhrstauseen. Er wurde erst 1979 fertiggestellt. Beginnend mit dem Hengstey-See südlich von Dortmund, über den Harkortsee bei Wetter, den Kemnader See, den großen Baldeneysee in Essen bis schließlich zum kleinen Kettwiger See durchzieht eine Kette von Stauseen das Ruhrtal. Auch wenn diese Wasserflächen heute von den meisten als Freizeitgewässer wahrgenommen werden und für alle Arten von Wassersport genutzt werden, so ist der eigentliche Zweck dieser Stauseen doch ein ganz anderer. Um die Bedeutung dieser künstlichen Wasserflächen richtig einschätzen zu können, müssen wir einen generellen Blick auf die Wasserwirtschaft im Ruhrgebiet werfen.

Als gegen Ende des 19. und Anfang des 20. Jahrhunderts die Städte des Ruhrgebiets geradezu explosionsartig anwuchsen, konnte die Entwicklung der Infrastruktur kaum Schritt halten. Eine ausreichende Versorgung mit Trinkwasser und besonders eine gut funktionierende Abwasserentsorgung bildeten kaum lösbare Probleme.

Verschärft wurde diese Problematik mit dem expandierenden Bergbau. Durch den Vortrieb zahlreicher Schächte und Stollen und den großflächigen Abbau der Kohle kam es vielerorts zu erheblichen Bodensenkungen, wodurch sich die Abflussverhältnisse der Bäche änderten und teilweise große See- und Sumpfflächen entstanden. Gleichzeitig brachen, ausgelöst durch die Bodenbewegungen, immer wieder die Kanalisationsleitungen – wenn es sie denn überhaupt gab – und die Abwässer ergossen sich unkontrolliert ins Freie. Um diesen Missständen abzuhelfen, wurde in den zwanziger Jahren ein Wasserbewirtschaftungssystem für das gesamte Ruhrgebiet geschaffen.

Danach sollte die Ruhr (später auch die Lippe) als Frischwasserlieferant für das Industriegebiet genutzt werden. Hingegen wurde die Emscher zum zentralen Abwasserkanal degradiert. Die Emscher ist ein kleines im Raum Holzwickede entspringendes Flüsschen, das bei Dinslaken in den Rhein mündet.

Mundloch des Gibraltar-Erbstollens

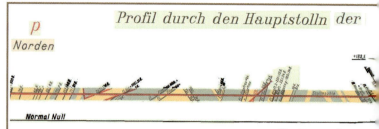

Ein Schnitt durch den Gibraltar-Erbstollen

Dadurch, dass die Emscher als offener und nicht als unterirdischer Kanal geführt wurde, waren hier keine Rohrbrüche zu befürchten und auf die Auswirkungen von durch Bodensenkungen konnte zum Beispiel durch Erhöhen der seitlichen Deiche reagiert werden. Die gesamten Abwässer des Reviers durchliefen dann bei Dinslaken eine riesige Kläranlage, bis sie schließlich in den Rhein entlassen wurden. Erst heute, nachdem der Bergbau in der Emscherregion zum Erliegen gekommen ist und keine weiteren Bodensenkungen mehr zu erwarten sind, wird das Abwassersystem des Ruhrgebietes auf eine unterirdische Entsorgung mit dezentralen Kläranlagen umgebaut. Die Emscher soll so die Chance erhalten, sich eines Tages wieder als renaturierter Fluß durch die Landschaft zu schlängeln.

Das Frischwasser der Ruhr wird nun nicht unmittelbar dem Fluß entnommen, sondern bis heute aus den mächtigen Sand-, Kies- und Schotterlagen gewonnen, die das Ruhrtal ausfüllen. Diese Sande und Kiese üben eine beträchtliche Filterwirkung aus, so dass das hier geförderte Wasser von deutlich höherer Qualität ist, als das Flusswasser. Um nun einen

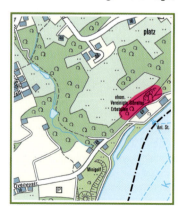

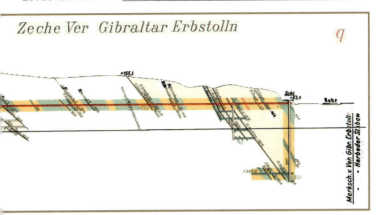

möglichst hohen und vor allem gleichmäßigen Grundwasserstand in den Wassergewinnungsanlagen zu erzielen, wurde die Ruhr mehrfach aufgestaut. Gleichzeitig lässt sich durch die Stauwehre der Abfluss der Ruhr bei Hoch- oder Niedrigwasser regulieren. Zudem kann an den Staustufen auch elektrischer Strom gewonnen werden. Die Ruhrstauseen, die das Landschaftsbild des Ruhrtals so reizvoll beleben und als Freizeitgewässer zur Lebensqualität der Region beitragen, verdanken ihre Existenz also ursprünglich ganz profanen Zwecken.

Am Nordufer des Kemnader Sees entlang ziehen sich ausgedehnte Fuß- und Radwege, die zu einer kleinen Wanderung in die Erd- und Bergbaugeschichte einladen. Beginnen wir diese Wanderung am Parkplatz unmittelbar nördlich der Ruhrbrücke am Haus Kemnade an der Straße von Bochum in Richtung Sprockhövel. Der Weg führt vom Parkplatz zunächst bergab und dann auf der Gibraltarstraße nach links, flussaufwärts zum Stauwehr des Kemnader Sees. (Dort kann man die Ruhr zu Fuß überqueren und einen Abstecher zum Haus Kemnade machen, einer romantischen Wasserburg aus dem 16. bis 17. Jahrhundert.) Der steile Anstieg des Hanges oberhalb der Straße wird durch den Mausegatt-Sandstein verursacht, der hier fast parallel zur Straße entlang zieht. Etwa 200 m hinter den zum Stauwehr gehörenden Häusern des Ruhrverbandes öffnet sich linkerhand ein alter Steinbruch. Hier wurde früher der Finefrau-Sandstein gebrochen. Ein Sandstein, der teilweise Kieselsteine führt (Konglomerat). Versteinerte Driftholzreste und Schrägschichtungskörper lassen erkennen, dass dieser Sandstein in einem Flusssystem mit relativ starker Strömung abgelagert wurde. Der Finefrau-Sandstein hat seinen Namen nach dem überlagernden Flöz Finefrau erhalten, das wir in der rechten hinteren Ecke des Steinbruchs in der Wand erkennen können. Ausgehend von dem mit etwa 50° nach Norden geneigten Flöz zieht dort direkt unter der Erdoberfläche ein Kohleband hangabwärts. Es ist während der Eiszeiten dadurch entstanden, dass der gefrorene Boden an der Oberfläche zeitweilig auftaute und dann hangabwärts „kroch". Die dabei mitgeschleppte Kohle aus dem Flöz Finefrau bildete so den schräg zu den übrigen Schichten verlaufenden Streifen. Über Flöz Finefrau liegen feingeschichtete sandige Tonsteine. Die Böschungen des Steinbruchs sind leider mittlerweile relativ stark überwachsen.

Wenn wir unseren Weg weiter fortsetzen, durchqueren wir ein von Westen her heranziehendes Tal und erreichen so zu Fuß zunächst die Halde der ehemaligen Zeche Gibraltar. Nach kurzer Wanderung kommen wir dann zu den aus Ruhrsandstein gemauerten ehemaligen Grubengebäuden, die heute teilweise als Bootshallen, aber auch als Gaststätte

genutzt werden. Gleich links beim ersten Haus erkennen wir in der Böschung erneut ein Flöz (Hinweistafel !). Es handelt sich um ein Flöz der Girondelle-Gruppe, das nun aber nach Süden, auf den Betrachter hin einfällt. Wir haben auf unserem Weg offenbar den Kern einer nach unten gewölbten Gesteinsfalte (Mulde) durchschritten und befinden uns nun auf dem Südflügel eines Sattels. Diese als Stockumer Hauptsattel bezeichnete Falte zieht durch das gesamte Ruhrgebiet vom Raum Velbert aus bis in die Gegend von Unna. Ein Stück weiter auf dem Weg, zwischen den Grubengebäuden, mündet von links her der Gibraltar-Erbstollen. Durch diesen 1830 angelegten Stollen, der etwa 2 km weit in den Berg hineinführt, wurde bis 1925 Kohle gefördert. Die Zeche Gibraltar wurde aber schon 1786 gegründet. Hier wurde nicht nur Esskohle gewonnen, sondern zeitweilig auch Eisenstein. Die Esskohle wurde bevorzugt von Schmieden „auf der Esse" eingesetzt und eignete sich auch besonders gut als Hausbrandkohle zum Heizen. In vielen Flözen des Ruhrkarbons tritt „Kohleneisenstein" auf, ein kohlehaltiger Spateisenstein (Eisenkarbonat), der sich in den chemisch sauren Moorwässern der karbonzeitlichen Sümpfe bildete (vergleiche

Flöz Girondelle am Ufer des Kemnader Stausees

Aufschluss 14). Örtlich waren die Erzmengen so groß, dass sich die Gewinnung als Eisenerz lohnte, in einigen Zechen zuletzt noch in der Zeit des Zweiten Weltkriegs.

Der Sandstein, der in dem Steinbruch oberhalb des Stollenmundlochs ansteht, gehört zur Flözgruppe Girondelle. Wenn wir nun nicht zum Parkplatz zurückkehren, sondern den Weg am Seeufer entlang bis zum Freizeitzentrum Heveney fortsetzen, so treten in der bergseitigen Böschung die sandsteinreichen Wittener Schichten auf: Zunächst wieder der Finefrau-Sandstein, später dann – unterhalb des Ruhrlandheims – der Mausegattsand-stein. Ganz am Ende des Weges, kurz vor der Einmündung des Lottentals, schneidet der Weg auch noch die obersten Sprockhöveler Schichten an.

Die Aufschlüsse am Kenmader Stausee liegen ebenso wie die im Lottental bei der früheren Zeche Klosterbusch (Aufschluss 12) am Bergbauwanderweg „Ruhr-Uni", der vom Förderverein bergbauhistorischer Stätten Ruhrrevier e.V. eingerichtet wurde. Der Besuch dieser Aufschlüsse lässt sich zu einem Rundweg verbinden, der zu etlichen weiteren bergbauhistorischen Objekten führt. Eine Broschüre zu diesem Wanderweg ist im Buchhandel erhältlich.

14 Brandungsrauschen im Kreidemeer

Geologischer Garten Bochum

Der Geologische Garten Bochum neben dem Schulzentrum Wiemelhausen befindet sich auf dem Gelände einer ehemaligen Ziegeleigrube. Auf dem seit 1962 unter Naturschutz gestellten Gelände wurde durch die Stadt Bochum eine kleine überschaubare Parkanlage errichtet, die dazu beitragen soll, allen Naturinteressierten einen Einblick in unsere Erdgeschichte zu geben. Durch den ehemaligen Steinbruchbetrieb wurde in die Geländeoberfläche eingeschnitten, sodass wir heute den direkten Blick auf Gesteinsschichten des Untergrundes haben.

Kommt man vom Parkplatz an der Querenburger Straße her über den Sportplatz zum Geologischen Garten, so ist es für einen ersten Überblick empfehlenswert, bis in die Mitte des Geländes zu gehen. Von dort aus kann man mit einem Rundblick die größeren Strukturen gut erkennen (Punkt 1 in der Abb. auf. S. 93).

Fast horizontal liegen die Ablagerungen der Kreidezeit über den gefalteten Schichten des Karbons

Der Geologische Garten

Der Geologische Garten: Ein wichtiger Aufschluss für Fachleute und Laien

In den felsigen Böschungen sind im Wesentlichen zwei Bereiche voneinander zu unterscheiden: Zunächst erkennen wir in den beiden unteren Dritteln der Böschungen steil aufgestellte Gesteinsschichten. Sie sind mit etwa 60° gegen die Horizontale geneigt. Dagegen sind im oberen Drittel der Felswand flachliegende Gesteinsschichten zu sehen. Die steilstehenden Gesteinsschichten wurden von den flach-

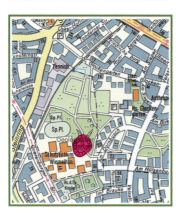

liegenden Schichten messerscharf und nahezu horizontal „abgeschnitten".

Nach diesem ersten Überblick können wir mit einem Rundgang an einigen interessanten Haltepunkten die Erdgeschichte hautnah erleben:

Wir beginnen den Rundweg an der dem Eingang gegenüber liegenden Ostwand der ehemaligen Ziegeleigrube. Hier sehen wir (an Punkt 2 in der Abb.) eine dunkle Schicht. Es handelt sich um das Flöz Wasserfall. Es ist ein unreines Flöz mit Brandschiefer, das heißt die hier auftretende Steinkohle ist so stark mit Ton verunreinigt, dass sie als Brennstoff nicht zu verwerten war. Über Flöz Wasserfall liegt eine Tonsteinlage. Neben den winzigen Tonpartikeln (< 0,002 mm Korndurchmesser) enthält diese Schicht etwas gröbere Gesteinspartikel (Schluff: 0,002 bis 0,063 mm). Bei beiden Materialien lassen sich einzelne Körnchen mit

Lageplan des Geologischen Gartens

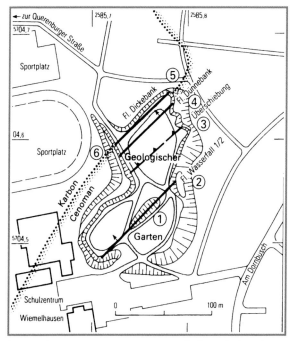

bloßem Auge kaum erkennen. Dagegen sind Überreste der nur Stecknadelkopf großen „muschelähnlichen" Linguliden deutlich in der schluffigen Tonsteinlage zu sehen. Oberhalb der Lingula-führenden Schichten liegen mehrere Meter einer Tonsteinlage, die mit Grabgängen von Planolites ophthalmoides, einem urtümlichen Wurm, übersäht sind. Beide Organismen lebten im Meer. Sie weisen somit auf eine Überflutung des Wasserfall-Moores hin.

Das Flöz Wasserfall erscheint hier auffällig mächtig. Entlang einer Störungsbahn schob sich ein Gesteinblock über den anderen, so dass das Flöz zwei Mal auftritt. Eine weitere Überschiebung tritt bei Punkt 3 auf.

Der Weg führt nun entlang der Böschung weiter zum Flöz Dünnebank (Punkt 4). Es liegt über einem 3 m dicken Wurzelboden, einer von fossilen Baumwurzeln durchzogenen Schicht. Sie ist in den obersten 30 cm so vollständig von Wurzelresten durchsetzt, dass das Gestein ein regellos verfilztes Aussehen bekommen hat. Flöz Dünnebank ist nur geringmächtig und war nicht abbau-würdig.

Den Nordrand des Geologi-schen Gartens bildet dann der Sandstein oberhalb des Flözes Dickebank (Punkt 5). Diese Sand-stein-Folge zeigt ausgeprägte Schrägschichtung. Auf den Schichtflächen sind zerriebene Pflanzenreste und Stamm-Reste zu finden. Verschiedene Sand-steinbänke zeigen einen kugeli-gen bis ellipsoidischen, schaligen Zerfall. Dieser Zerfall ist die Folge von Eisenanreicherungen im Ge-stein. Unter der Sandsteinfolge ist an der SW-Böschung eine schwar-ze Gesteinslage zu erkennen, die aus Eisenerz (Siderit – Eisenkarbo-nat) besteht, das stark mit Kohle verunreinigt ist. Diese Erze bilde-ten sich unter den speziellen che-mischen Bedingungen der Moor-wässer in Tümpeln und Seen der karbonzeitlichen Waldmoore. (Auch in heutigen Mooren ist das Wasser wegen der darin gelösten Eisenverbindungen meist rost-braun gefärbt.) Diese Eisenerze werden als Kohleneisenstein be-zeichnet und können bereichs-weise die Kohlenflöze vollständig ersetzen. Derartige Eisensteinflö-ze wurden im Ruhrgebiet noch bis in die Zeit des Zweiten Welt-krieges abgebaut. Auch hier war das Flöz Dickebank als Eisenstein-flöz ausgebildet. Die ehemalige Zeche „Friederica" baute hier bis 1897 etwa 2,4 Millionen Tonnen Eisenerz mit durchschnittlich 30% Eisen ab. Den Kohleneisenstein erkennt man am glänzenden, schwarzen Strich beim Anritzen mit dem Messer. In seinem obe-ren Teil wurden Reste von kleinen Süßwasser-Muscheln gefunden. Sie zeigen an, dass der Kohlenei-senstein aus dem eisenreichen Tonschlamm eines Moorsees her-vorgegangen ist. In der Westbö-schung der Grube (Punkt 6) ist noch ein kleiner Abbauhohlraum einsehbar.

Die Sandsteinböschung über dem Flöz Dickebank ist stark auf-gelockert. Dies lässt sich durch den damaligen Bergbaubetrieb erklären. Durch den Abbau des Kohlenflözes Dickebank wurden hier Hohlräume geschaffen, die zur Absenkung des Geländes und damit zur Auflockerung der ge-samten Böschung führten.

Die bisher auf unserem Rund-weg betrachteten Gesteine um-fassen eine Gesamtmächtigkeit von etwa 60 m. Die Schichtenab-folge angefangen von Flöz Was-serfall über Flöz Dünnebank bis hin zum Sandstein über Flöz Di-ckebank gehören zu den Bochu-mer Schichten oder, wie es kor-rekt heißt, zur Bochum-Forma-tion. Die Bochum-Formation wur-de in der erdgeschichtlichen Epoche des Oberkarbons, genau-er gesagt im Abschnitt Westfal A

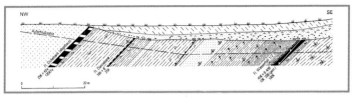

Schnitt durch die Schichtenfolge im Geologischen Garten

(316,5 bis 313,5 Millionen Jahren vor heute) abgelagert. Am Ende der Westfal-Zeit, etwa zehn Millionen Jahre später, wurden die ursprünglich horizontal abgelagerten Gesteinsschichten bei der Faltung des Variscischen Gebirges steil gestellt. So sehen wir heute diese Schichten mit etwa 60° gegen die Horizontale geneigt.

Schauen wir uns nun noch mal das obere Drittel der Böschungen an: Wir erkennen die bereits erwähnten, nahezu horizontal liegenden Schichten oberhalb der Bochum-Formation. Es handelt sich um wesentlich jüngere Gesteinsschichten aus der erdgeschichtlichen Epoche der Oberkreide (ca. 100 bis 65 Millionen Jahren vor heute). Der abrupte Übergang von den steilstehenden zu den flachlagernden Schichten wird in der Fachsprache als Winkeldiskordanz bezeichnet. Zwischen der variscischen Faltung und der Ablagerung der Kreide-Schichten liegen rund 200 Millionen Jahre. In diesem langen Zeitabschnitt wurde

das Variscische Gebirge wieder vollständig abgetragen und eingeebnet. Wahrscheinlich wurde das Gebiet mehrfach vom Meer überflutet. Auch die Ablagerungen der Oberkreide, die wir im Geologischen Garten sehen, verdanken wir einem Meeresvorstoß. Das Meer überflutete damals von Norden kommend das gesamte Münsterland und das nördliche Ruhrgebiet. Im Raum Münster herrschten die Bedingungen des offenen Meeres, im Raum Essen – Bochum – Haarstrang lag die südliche Küstenlinie. Das heutige Gebiet des Geologischen Gartens lag also unmittelbar an der Küste des Kreidemeeres. Die Landschaft hatte sich gegenüber der Karbonzeit völlig gewandelt: Beherrschten damals noch Farne, Schachtelhalme und Bärlappgewächse die Pflanzenwelt, so hatte die Natur inzwischen auch „moderne" Pflanzen hervorgebracht: Koniferen, Palmen und auch regelrechte Blütenpflanzen, wie wir sie heute kennen. Lebten zur Karbonzeit an Land neben den Insekten nur ei-

Bewohner des Kreidemeeres: Ammoniten
(ca. 30 cm Durchmesser):
Mammites nodosiodes (oben)
Puzosia mayorana (unten)

schen Garten beginnen in ihrem unteren Abschnitt mit einem bis zu ca. 1,5 m dicken Geröllhorizont. Es handelt sich um das so genannte Basiskonglomerat des erdgeschichtlichen Abschnittes Cenoman. Das Konglomerat ist ein kalkiger Sandstein, der gerundete oberkarbonische Toneisensteinstücke enthält.

Wie ist dieses Konglomerat entstanden? Im Brandungsbereich modellierte das Meereswasser mit starker Strömung die steinige Felsküste. Die festen Sandsteinbänke der karbonischen Schichten ragten dabei als Klippen und Kliffs heraus. Von hier wurde gelockertes Gesteinsmaterial heraus gespült und sammelte sich in Vertiefungen am Meeresboden. Besonders gut sind solche Geröllansammlungen in der Nordostecke des Geologischen Gartens zu erkennen, am Fuß der Klippe des Dickebank-Sandsteins. Im Laufe der Zeit wurden die zunächst noch eckigen Gesteinsbrocken durch die Kraft des Wassers rund geschliffen. Besonders deutlich lässt sich dieser Vorgang am Fuß der Klippe sehen, die vom Dickebank-Sandstein gebildet

nige Reptilien, so erlebte die Kreidezeit die Blüte und das Aussterben der Saurier, während Vögel und Säugetiere am Anfang ihrer Entwicklung standen. Die Oberkreide-Schichten im Geologi-

wurde. Eingebettet im Sandstrand dauerte es lange Zeit, bis sich der lockere Sand und die zugerundeten Kiese zu einem Konglomerat verfestigten. Über dem Konglomerat lagerte sich dann ein Sandstein ab, der reich an Fossilien der damaligen Meeresbewohner ist: z.B. Muscheln, spiralig gerollte oder gerade Tintenfischgehäuse, die Ammoniten und Belemniten und mancherlei andere.. Das bräunlich erscheinende Gestein wird als Essener Grünsandstein bezeichnet. Dies liegt daran, dass es einen hohen Anteil des Eisenminerals Glaukonit enthält, der in frischem Zustand dunkelgrün gefärbt ist. An der Erdoberfläche verwandelt sich dieses Mineral aber unter dem Einfluß des Luftsauerstoffs in rostbraune Eisenoxide, die jetzt dem Gestein seine Farbe geben.

Die flachlagernden Oberkreideschichten zeichnen noch heute den Grund des damaligen Meeres nach. Schauen wir uns den Geologischen Garten an, so wissen wir, dass in Bochum vor 100 Millionen Jahren das Meeresrauschen des Kreidemeeres zu hören war.

Bewohner des Kreidemeeres: Muscheln, Seeigel und Belemniten

15 Bleierz aus der Silberkuhle

Bergbaurelikte bei Bochum-Stiepel

Westlich der Kosterstraße, die von Hattingen nach Bochum führt, finden sich zwischen Bochum-Stiepel und dem Weitmarer Holz zahlreiche Bergbaurelikte. Ein Teilabschnitt des Historischen Bergbauwanderwegs „Bochum-Süd" erschließt auf einem etwa sechs Kilometer langen Rundkurs viele dieser Stätten. Der Weg führt weitgehend durch eine reizvolle Wald- und Wiesenlandschaft, die kaum noch erkennen lässt, dass hier einmal lebhafte Industriebetriebe tätig waren.

Ausgangspunkt der Rundwanderung ist der Parkplatz „Am Varenholt" an der Blankensteiner Straße. Das Bergbaurevier, dass dieser Wanderweg erschließt, ist schon sehr alt. Bereits um 1750 existierten hier verschiedene mehr oder minder kleine Stollenzechen. Im Laufe der Zeit schlossen sich die Zechen zu mehreren Bergwerken zusammen, die im Verlauf des 19. Jahrhunderts auch zum Tiefbau mittels Schächten übergingen. So bildeten die alten Stollengruben „Sternberg", „Sanct Georgen Erbstollen" und „Haarmannsbank" die neue Grube „Carl Friedrich Erbstollen". Dieses Bergwerk verfügte über eine von einer Dampfmaschine angetriebene Haspelbahn, deren Wagen mittels Seilzug über eine schiefe Ebene bewegt wurden. Aus der alten Grube „Preußischer Zepter" und einigen Nachbargruben entstand die Zeche „Brockhauser Tiefbau" mit einem 150 m tiefen Schacht. Der um 1874 entstandene Förderturm dieser Zeche ist das herausragende Industriedenkmal dieses Gebietes. An einen alten Burgturm erinnernd, ragt der aus Bruchsteinen gemauerte Turm im Tal des Rauterdeller Siepens auf. In der zweiten Hälfte des 19. Jahrhunderts entstanden im Ruhrgebiet zahlreiche dieser gemauerten Fördertürme, die nach einer Festung auf der Halbinsel Krim auch als Malakoff-Türme bezeichnet werden. Das massive Mauerwerk sollte die Schwingungen und ruckartigen Belastungen aufnehmen, die beim Betrieb der Fördereinrichtungen in tieferen Schächten auftreten. Der Malakoff-Turm von Brockhauser Tiefbau ist der älteste erhaltene seiner Art im Ruhrgebiet und einer der ältesten noch vorhandenen Fördertürme in Deutschland

Der Malakoffturm von „Brockhauser Tiefbau" –
Ältester Förderturm Deutschlands

überhaupt. Erst die Entwicklung der Stahlbautechnik beim Bau der Fördergerüste machte die Errichtung derartig aufwändiger Bauten überflüssig.

Die Kohlen der hier ehemals fördernden Gruben wurden auf heute noch erkennbaren Pferde- und Schleppbahnen zur Ruhr gebracht. An der Kohlenniederlage „an der Kost" wurde die Kohle gesammelt bis sie anschließend von hier aus verschifft wurde. Ein Hauptabnehmer der Kohlen waren die Hochöfen der unweit gelegenen Henrichshütte in Hattingen, heute ein wichtiger Ankerpunkt der „Route Industriekultur". Der Bergbau im Gebiet des Weitmarer Holzes endete schon recht früh: „Brockhauser Tiefbau" wurde 1912 stillgelegt und die Förderung auf „Carl Friedrich Erbstollen" wurde 1924 eingestellt.

Zwei der Aufschlusspunkte

des Bergbauwanderweges sind aus geologischer Sicht von besonderem Interesse. Sie lenken unseren Blick auf ein gar nicht unwichtiges, heute aber schon fast vergessenes Kapitel der Bergbaugeschichte im Ruhrgebiet. Die Wanderweg-Erläuterungstafeln Nr. 28 im Friedrichstal und Nr. 31 unterhalb der Hülsbergstraße weisen darauf hin, dass hier im 19. Jahrhundert (und vielleicht auch schon im 17. Jahrhundert) versucht wurde, außer Steinkohle auch Bleierz zu gewinnen. Anlass für diese Unternehmungen waren einige Zentimeter mächtige Spalten im Sandstein, die mit dem Erz „Bleiglanz" gefüllt waren.

Im Friedrichstal verlieh das Bergamt am 4. März 1864 dem aus Brockhausen stammenden Landwirt Heinrich Große Rumberg das Grubenfeld „Stiepel", weil er in einem Stollen Erzvorkommen nachweisen konnte. Ebenfalls 1864 bekam auch eine von zehn Gewerken um den Kaufmann Wilhelm Würzburger gegründete Gesellschaft ein Grubenfeld verliehen. Es handelt sich um das ehemalige Grubenfeld „Silberkuhle" unterhalb der Hülsbergstraße in Mittelkamps Siepen. Hier konnte das Metallerzvorkommen direkt an der Geländeoberfläche abgebaut werden. Diese als „obertägiger Schurf" bezeichnete Abbaustelle kann man

Die Silberkuhle, Pinge eines Erzbergbaus

heute noch erkennen. Der Feldes-name „Silberkuhle" deutet den großen Optimismus an, mit dem die Gewerken seinerzeit ihr Unternehmen begannen. Vermutlich hofften sie, dass der Bleiglanz, den sie angetroffen hatten, auch verwertbare Silbermengen enthielt. (Das Haupt-Bleimineral Bleiglanz enthält in vielen Lagerstätten auch geringe Mengen von Silber.) Die Vorkommen dürften sich aber als wirtschaftlich völlig bedeutungslos erwiesen haben. Die Mineralführung der Erzgängchen setzte schon bald wieder aus, so dass es gar nicht erst zur geregelten Aufnahme eines echten Abbaus gekommen ist. Lediglich der Straßenname „Am Bliestollen"

(„Bleistollen") erinnert noch an diesen missglückten Versuch unternehmerischer Tätigkeit.

Was uns an dieser Stelle heute als ein von vornherein hoffnungsloses Unterfangen erscheint, war jedoch gar nicht so abwegig. Anreicherungen von Erz-Mineralien in Gesteinsspalten des Steinkohlengebirges wurden und werden immer wieder mal angetroffen. Dabei treten oft Bleiglanz, Zinkblende, Schwerspat, seltener auch andere Metallerze wie Kupferkies oder Millerit (ein Nickelerz) auf. Tatsächlich entwickelte sich nur etwa 75 Jahre nach den erfolglosen Versuchen in Bochum-Stiepel im nördlichen Ruhrgebiet ein intensiver Bergbau auf Blei-

Bleierz aus dem Ruhrgebiet: Bleiglanz aus dem
Erzgang „Christian-Levin" in Essen-Dellwig

und Zinkerze, der erst 1962 aus wirtschaftlichen Gründen wieder zum Erliegen kam. Auf den Steinkohlenzechen „Auguste-Victoria" in Marl und „Christian Levin" in Essen-Dellwig wurden um 1937 beim Streckenvortrieb in Störungszonen mehr oder weniger zufällig mächtige Erzgänge angetroffen. Die Erzführung in diesen Gängen war mit über zehn Prozent Metallinhalt so reich, dass sie

3cm

Dort wurde 1955 der „Klara-Gang" entdeckt und für den Abbau vorbereitet. Im Jahr 1958 verfielen jedoch die Metallpreise so stark, dass sich ein Abbau dieser Vorkommen nicht mehr lohnte.

Als letzte Grube im Ruhrgebiet stellte die Zeche „Auguste Victoria" im Jahr 1962 die Erzförderung ein. Hier wurden fast 5 Mio. Tonnen Erz mit einem durchschnittlichen Gehalt von 4 % Blei und 7 % Zink gewonnen. Obwohl allein in dieser Lagerstätte noch nachgewiesene Vorräte von rund 3 Mio. Tonnen Erz vorhanden sind, spielen die Erzvorkommen im Ruhrgebiet heute keine wirtschaftliche Rolle mehr. Ihre erneute Aufschließung wäre viel zu kostspielig als dass sich aus einem Abbau noch ein Gewinn erzielen ließe.

Die Entstehung und das Alter der Vererzungen im Ruhrgebiet ist bis heute nicht völlig geklärt. Heiße, salzhaltige Lösungen haben die Metalle wahrscheinlich aus tiefer liegenden, älteren Gesteinen herausgelöst und bei bestimmten physikalischen und chemischen Bedingungen in den offenen Gebirgsspalten wieder abgesetzt. Dieser Vorgang erfolgte in mehreren zeitlich getrennten Schüben im Zusammenhang mit Bewegungen an den großen Brüchen, die das Ruhrbecken durchziehen.

bei den hohen Preisen, die vor allem in den fünfziger Jahren am Weltmarkt für Metallerze herrschten, wirtschaftlich gewonnen werden konnten. Darauf hin setzten intensive und gezielte Sucharbeiten nach weiteren Gangerzvorkommen ein, die schließlich auch auf der Zeche „Graf Moltke" in Gladbeck erfolgreich waren.

16 Grillplatz mit Kohle

Bergbau und Geologie in Bochum-Dahlhausen

Die Umgebung von Bochum-Dahlhausen ist reich an Relikten der bergbaulichen und industriellen Vergangenheit. Besonders hervorzuheben ist das Eisenbahnmuseum, das eines der größten Museen dieser Art in Deutschland ist. Die wichtigsten Industriedenkmäler dieser Region werden durch die Route „Industriekultur" des Kommunalverbandes Ruhrgebiet erschlossen. Detaillierteren Einblick in die Bergbaugeschichte gibt ein etwa acht Kilometer langer Bergbau-rundweg, der vom „Bergmannstisch Bochum-Süd" eingerichtet wurde. Ausgangspunkt des Rundweges ist der Vorplatz des Bahnhofs in Bochum-Dahlhausen, wo sich auch eine Übersichtstafel über die gesamte Wegführung befindet. Der Zugang zum Bergbauwanderweg führt vom Bahnhofsvorplatz einige Schritte nach rechts, dann zunächst auf der Kassenberger Straße bergauf und, an der Straßengabel links haltend, in die Straße „Im Stapel". Nach etwa 200 m finden wir in der rechten

Gefaltete Schichten: Sattelkern „Im Stapel"

Ausbiss von Flöz Wasserfall auf dem Freizeitgelände „Dahlhauser Tiefbau"

Straßenböschung (gegenüber dem Haus Nr. 23) eine wenige Meter große eindrucksvolle Gesteinsfalte. Es handelt sich um einen unbenannten, nach oben gewölbten Sattel. Er ist ein Nebensattel des Weitmarer Sattels, der die wichtigste Gebirgsfalte in diesem Gebiet bildet. Über die geologische Situation gibt eine neben dem Aufschluss befindliche Informationstafel Auskunft. Zwei Stollenmundlöcher weisen hier auf den Bergbau der früheren Zeche „General & Erbstollen" hin, die seit dem frühen 18. Jahrhundert hauptsächlich die Flöze Wasserfall und Sonnenschein abbaute (oder wie sie mit den damaligen Zechennamen unter anderem hießen „Glocke" und „Wippsterz").

Etwas weiter nördlich führt von der Straße aus ein Fußweg mit Treppen zum Friedhof hinauf. Rechts dieses Weges ist ein mächtiger Sandsteinfelsen zu sehen. Er liegt in der Nordflanke des unbenannten Sattels, dessen Kern wir an der Straße beobachtet haben. Es dürfte sich hierbei um den Sandstein über Flöz Dickebank handeln.

Gehen wir weiter bis an das Ende der Straße „Im Stapel", so gelangen wir linkerhand auf das Gelände eines türkischen Kulturvereins. Dort sehen wir den verschlossenen Eingang zum „General-Erbstollen Nr. 5". Er erreichte um 1860 eine Länge von fast 6 km. Der Stollen diente sowohl zur Wasserlösung wie zur Kohlenförderung. Vom Stollenmundloch führte schon sehr früh (vor 1805) eine Schienenbahn zum Ruhrufer, wo sich eine Kohlenniederlage (Verladeplatz zur Verschiffung der Kohle auf der Ruhr) befand.

Bemerkenswert ist die in deutscher wie türkischer Sprache ab-

Mächtige Sandsteinbänke: der Dickebank-Sandstein am Weg zum Friedhof

gefasste Informationstafel vor dem Stollenmundloch. Sie zeigt, dass es dank der zahlreichen aus der Türkei zugewanderten Arbeitskräfte inzwischen auch eine „türkische" Bergbautradition im Ruhrgebiet gibt. Etwa seit 1853 war die Zeche General zum Tiefbau übergegangen, das heißt die Schächte reichten unter die Stollensohle und das Grubenwasser musste zu Tage gepumpt werden. Dies machte jedoch immer wieder Schwierigkeiten, so dass die Grube mehrfach „absoff". Auch die Schächte des Bergwerks bereiteten ernsthafte Probleme, es kam wiederholt zu Schachtein-

stürzen, so dass kostspielige Wiederherstellungsarbeiten notwendig wurden. Im Jahr 1928 wurde der Bergbau der Zeche „General" (wie sie seit 1895 nur noch hieß) endgültig aufgegeben.

Der Bergbaurundweg führt nun in einem großen Bogen durch das Hörster Holz nach Norden. In diesem Gebiet wurden zahlreiche Relikte des Bergbaus gefunden, die eine Abbautätigkeit bis zurück in das 17. Jahrhundert dokumentieren (Zeche „Hasewinkel").

Nach einem Abstecher zum Schacht Röder der Zeche „Friedlicher Nachbar" führt der Weg ent-

*Bergbaurelikt mit orientalischer Farbgebung: Mundloch des
„General-Erbstollens Nr. 5" auf dem Gelände des türkischen Kulturvereins*

lang des ehemaligen Hasewinke-
ler Kohlenwegs (auf dem früher
die Kohlen der Zeche zur Ruhr
transportiert wurden) zurück
nach Dahlhausen. Geologisch besonders interessant ist eine der
großen Störungen im steinigen
Untergrund. Es handelt sich um
den so genannten Primus-
Sprung, der hier den Weg kreuzt.
Durch Bewegungen in der Erdkruste wurden hier die Gebirgsschichten um über 400 m gegeneinander verschoben. Die Störung selbst ist nicht direkt zu sehen. Allerdings folgt ein kleines
Tälchen dem Störungsverlauf. Es

ist dadurch entstanden, dass sich
das weichere, zerriebene Gestein
der Bruchzone leichter vom Re-
genwasser ausräumen ließ.

Folgen wir nun vom Zentrum
Dahlhausens aus der an der Eisenbahn entlangführenden Lewa-
cker Straße weiter, so sollte man
der rechts über die Ruhr nach Bur-
galtendorf führenden Brücke Aufmerksamkeit widmen. Es handelt
sich bei dieser ungewöhnlichen
Konstruktion nämlich um eine
Schiffsbrücke, das heißt, die Fahr-
bahn ruht nicht auf festen Pfei-
lern, sondern auf schwimmenden
Pontons, die ihrerseits an massi-

ven Pfosten verankert sind. Je nach Wasserstand der Ruhr, der hier durch ein unterhalb gelegenes Wehr reguliert wird, hebt oder senkt sich so die Wölbung der Brücke. Auf der linken Straßenseite stehen die sandsteinreichen Bochumer Schichten an, die mehrfach zu Sätteln und Mulden gefaltet sind.

Wir überqueren hier nicht die Ruhr, sondern folgen der Uferstraße weiter bis zu einer scharfen Linkskurve, wo uns ein Hinweisschild auf das Gelände der früheren Zeche „Dahlhauser Tiefbau" aufmerksam macht (Parkplatz). Direkt in der Straßenkurve sollten wir zunächst dem Mundloch des Erbstollens „Glückssonne" Aufmerksamkeit widmen. Dieser

Stollen wurde ursprünglich um 1770 als Wasserlösungs- und Förderstollen der gleichnamigen Grube angelegt. Er verlor aber schon Anfang des 19. Jahrhunderts durch die Anlage eines neuen, tiefer gelegenen Stollens seine Bedeutung. 1857/58 wurde die Grube „Glückssonne" schließlich von der benachbarten Zeche „Dahlhauser Tiefbau" übernommen. Inzwischen war aber um 1830 in Bochum-Linden die Zeche „Friedlicher Nachbar" gegründet worden, die ihre Kohlen über einen steilen Weg zur Ruhr bzw. nach dem Eisenbahnbau 1869 zur Verladung am Bahnhof Dahlhausen transportieren musste. Um diesen schwierigen Weg zu erleichtern, baute die Zeche

Förderstollen von „Friedlicher Nachbar"

„Friedlicher Nachbar" den mittlerweile nutzlos gewordene Glückssonner Stollen 1873 zum Förderstollen aus, durch den sie ihre Förderung nun unterirdisch zur Eisenbahn transportieren konnte. Er behielt diese Funktion bis 1878. Anschließend erhielt die Zeche einen eigenen Bahnanschluss.

Die bedeutendste Zeche im Raum Dahlhausen war „Dahlhauser Tiefbau", eine Grube, die 1857 durch den Zusammenschluss mehrerer älterer Bergwerke gebildet wurde. 1858 wurde mit dem Abteufen von Schacht 1 begonnen, 1910 mit dem 180 m südlich gelegenen Schacht 2. Die Zeche entwickelte sich, auch durch die Übernahme benachbarter Grubenfelder, zu einem Großbetrieb, dessen tiefste Fördersohle (8. Sohle) bis 653 m unter dem Meeresspiegel lag. In ihren besten Jahren förderte die Zeche über 400.000 t Kohle pro Jahr. Schon 1881 wurde hier die erste effektiv arbeitende Brikettfabrik im Ruhrrevier errichtet. Noch 1959 wurde der Schacht 2 als Förderschacht der Zeche modernisiert und mit einer Turmfördermaschine ausgestattet.

Mit dem anschließend einsetzenden Niedergang des Ruhrbergbaus setzte eine Konzentration und Zusammenlegung der im Süden des Ruhrreviers gelegenen Zechen ein. „Dahlhauser Tiefbau" wurde untertage mit der Zeche „Carl Funke" in Essen-Heisingen verbunden, die 1965 die Förderung der Kohlen übernahm. Schacht 1 von „Dahlhauser Tiefbau" wurde aufgegeben und verfüllt, Schacht 2 blieb als Schacht „Carl Funke 6" noch bis 1972 als Wetter- und Seilfahrtschacht in Betrieb. Dann wurde auch dieser Schacht verfüllt und die Tagesanlagen der Zeche bis auf die geringen noch erkennbaren Reste abgebrochen.

Auf dem hinteren Teil des ehemaligen Zechengeländes wurde mittlerweile ein Freizeitgelände mit Spielflächen und Grillplätzen eingerichtet. Es wird von der Bevölkerung intensiv genutzt. Etwas versteckt hinter den Bäumen auf der Bergseite dieses Geländes finden wir einen geologisch interessanten Punkt: Wir sehen einen Sandstein und darüber liegend ein etwa 1 m mächtiges Kohlenflöz. Beide Gesteinsschichten ste-

Ausbiss von Flöz Wasserfall auf dem Freizeitgelände „Dahlhauser Tiefbau"

hen sehr steil. Sie sind mit etwa 60° bis 75° gegen die Horizontale geneigt. Diese Gesteinsschichten gehören zu den so genannten Bochumer Schichten des Oberkarbons.

Das Flöz besteht aus sehr unreiner Kohle, das heißt neben Kohle sind weitere Gemengteile wie Sand und Ton enthalten. Es handelt sich hier um das Flöz Wasserfall, das wir auch im Geologischen Garten (Aufschluss 14) kennen gelernt haben. Auch hier läßt sich der Fossilhorizont mit den Überresten winziger Meeresbewohner nachweisen.

Ob die hier anstehende Kohle aber wirklich zum Grillen geeignet ist, darf eher bezweifelt werden – Holzkohle ist den Würstchen sicher zuträglicher.

17 Ein Falter am Ruhrufer?

Faltenformen bei Niederwenigern

Wenige Kilometer nördlich der Isenburg, am Prallhang der Ruhr können wir entlang der Straße Niederwenigern – Hattingen 3,75 Millionen Jahre Erdgeschichte betrachten. Auf einer Strecke von etwa zwei Kilometern ist dort die wohl längste zusammenhängende oberirdisch zu findende Gesteinsschichten-Folge des Ruhrgebietes zu sehen. Das mächtige Gesteinspaket dokumentiert darüber hinaus eine reiche Formenvielfalt der Gesteinsfalten.

Die beste Parkplatzmöglichkeit für einen Spaziergang durch die Erdgeschichte ist beim Gasthaus „Zum Deutschen". Das Gasthaus liegt in etwa auf halber Strecke des zu begehenden Weges.

In der Böschung unmittelbar hinter der Rückseite des Gasthauses liegt ein kleiner Steinbruch. Dort sieht man zwei Kohleflöze, annähernd senkrecht stehen. Sie gehören zur Flözgruppe „Wasserbank" der Sprockhöveler Schichten. Diese Flözgruppe besteht im allgemeinen aus drei oder vier Flözen, von denen eins meist abbauwürdig war. So befanden sich auch hier die Stollen „Freundschaft" aus dem 19. Jahrhundert

und die Kleinzeche „Winzermark", in der unmittelbar nach den 2. Weltkrieg noch für kurze Zeit Nachlesebergbau betrieben wurde. Die Stollenmundlöcher sind allerdings nicht mehr zu erkennen.

Folgen wir nun dem Weg hinter dem Gasthaus weiter in südliche Richtung, gelangen wir in immer ältere Schichten. Zunächst erschließt ein verfallener alter Steinbruch die Sandsteine unterhalb der Wasserbank-Flöze, ebenfalls fast senkrecht stehend. Eine weitere, etwas dünnere Sandsteinbank tritt in einem kleinen Steinbruch direkt am Weg auf, kurz nachdem wir die Trasse der Stromleitung gequert haben. Es könnte sich hierbei um den so genannten Gottessegen-Sandstein handeln (so benannt nach dem Flöz „Gottessegen", das hier aber nicht zur Ausbildung gekommen ist). Noch ein kurzes Stück weiter tritt dann schließlich, immer noch sehr steil nach Norden einfallend, der Kaisberg-Sandstein auf. Er gehört bereits zu den Kaisberg-Schichten. Haben bislang die harten Sandsteinbänke einen steilen Berghang geformt, so bildet sich

Flöz Wasserbank hinter dem Gasthaus „Zum Deutschen", links der Wurzelboden

nun eine deutliche Einmuldung aus, in der ein Hausgrundstück liegt. Folgen wir dem Weg in südlicher Richtung weiter, so erscheint bald auf der rechten Seite in einem alten Steinbruch erneut der Kaisberg-Sandstein, der hier aber relativ flach nach Süden geneigt ist.

Im Bereich des kleinen Quertals haben wir offenbar den Kern einer nach oben gewölbten Gesteinsfalte (Sattel) durchlaufen. Im Sattelkern kommen Tonsteine vor. Tonstein ist im Gegensatz zu Sandstein wesentlich „weicher". Der geologische Prozess der Verwitterung (Zerkleinerung von Gestein durch physikalische, chemische oder biogene Prozesse) kann einen Tonstein wesentlich schneller angreifen als einen Sandstein. Der im Sattelkern vorkommende Tonstein wurde durch die Verwitterung Schritt für Schritt ausgeräumt, so dass dort im Laufe der Zeit an Stelle der Gesteinsaufwölbung das kleine Tal entstand. Ein solcher Vorgang, bei dem wegen der unterschiedlichen Härte des Gesteins aus einem geologischen Sattel ein Tal wird, wird als „Reliefumkehr" bezeichnet.

Bei der Faltenumbiegung im Bereich des genannten Tales handelt es sich um den Kern des Stockumer Hauptsattels. Er ist eine der bedeutendsten Falten des Ruhrgebietes, die sich vom Deilbachtal bei Velbert-Langenberg über Bochum und Witten bis in den Raum östlich von Unna verfolgen lässt.

Bei der Entstehung von Gesteinsfalten können ganz unterschiedliche Formen entstehen. Entlang des Weges zwischen Niederwenigern und Hattingen lassen sich die verschiedenen Faltenformen gut studieren.

Die erste Falte, die wir bisher gesehen haben ist der Stockumer Hauptsattel. Er scheint offenbar leicht gekippt, d.h. die eine Sattelflanke (die beiden Seiten einer Falte werden als Flanken bezeichnet) steht steiler als die andere. Eine solche asymmetrische Falte nennt man „vergente Falte". Da der Stockumer Hauptsattel hier Richtung Norden gekippt ist, wird er als „nordvergente Falte" bezeichnet.

Kleiner Steinbruch im „Gottessegen-Sandstein"

Wir kehren nun zum Gasthaus „Zum Deutschen" zurück, wobei wir entweder den Weg benutzen, den wir gekommen sind, oder dem historischen Leinpfad folgen, der jenseits des Campingplatzes und der Landstraße unmittelbar am Ruhrufer entlang führt. Über den Leinpfad zogen früher Pferde die Ruhrschiffe (so genannte Aaken) stromaufwärts. Die Ruhr war in den Jahren zwischen 1776 und 1780 vom Rhein bis Langschede bei Fröndenberg schiffbar gemacht worden. Hierzu wurden insgesamt 16 Stauwehre mit Schleusen errichtet, durch die der Wasserstand des Flusses reguliert werden konnte. Die Ruhr entwickelte sich rasch zum Haupttransportweg für die Kohle, die im Ruhrtal und den Seitentälern gewonnen wurde und war zeitweilig die meistbefahrene Wasserstraße der Welt! Während die unmittelbar am Fluss gelegenen Stollenzechen nun direkten Zugang zum Hauptverkehrsmittel hatten, wurden von den abseits gelegenen Gruben Transportwege (die Kohlenstraßen), Schlepp- und Pferdebahnen zur Ruhr gebaut. Am Flussufer wurden die Kohlen in so genannten Kohlenniederlagen zwischengelagert und dann per Schiff zum Rhein transportiert, über den sie die Abnehmer im Norden und Süden erreichten. Erst mit dem Aufkommen und raschen Ausbau der

Eisenbahn Ende des 19. Jahrhunderts verlor die Ruhrschifffahrt ihre Bedeutung und kam bald ganz zum Erliegen. Während die Ruhraaken seinerzeit stromab die gesamte Strecke bis (Duisburg-) Ruhrort in zwei Tagen bewältigten, benötigten sie stromauf mindestens drei Tage. Die Benutzung von Segeln war in Anbetracht des doch recht schmalen Flusses und seiner vielen Windungen nur begrenzt möglich und so mussten die Schiffe eben durch Zugtiere an Land bewegt werden. Gerade hier im Bereich der Hattinger Ruhrschlinge hat sich der historische Leinpfad gut erhalten, teilweise noch mit der originalen Pflasterung.

Wenden wir uns nun vom Gasthaus aus nach Norden, wobei wir den neben der Landstraße entlangführenden Fußweg benutzen. Hinter einem kleinen Quertal, das ebenfalls durch das Auftreten weicherer Gesteine im Grenzbereich zwischen den Sprockhöveler und Wittener Schichten verursacht wird, steht in der Straßenböschung dann der mächtige „Mausegatt-Sandstein" an. Das dazu namengebende Flöz ist nicht mehr zu erkennen. Vielleicht wurde es oberflächennah komplett abgebaut oder ist wegen der leichten Verwitterbarkeit der Kohle nicht mehr vorhanden.

Weiter in nördlicher Richtung folgt eine nach unten gewölbte Gesteinsfalte (Mulde). Es erfordert ein bisschen Geduld, den Verlauf dieser nur schwer erkennbaren Mulde zu finden. Der anschließende Sattel ist dagegen deutlich ausgeformt und auffällig. Der Sandstein, der uns in diesem Sattel entgegentritt, ist der Finefrau-Sandstein. Im Gegensatz zu der stark nordvergenten Falte des Stockumer Sattels, ist dieser unbenannte Sattel annähernd symmetrisch. Beide Sattelflanken sind gleich stark gegen die Horizontale geneigt. Sie sind im Prinzip spiegelbildlich zueinander.

Im nun folgenden Steinbruchareal erkennen wir eine weitere

Sattelförmige Falte im Finefrausandstein

Schichtenverbiegung: Die hier auftretenden Sandsteine und Kohleflöze der Girondelle-Gruppe liegen teilweise fast flach, ehe die Schichtung dann nach Norden umbiegt. Eine solche Schichtenverbiegung, bei der keine ausgeprägte Sattel- oder Muldenstruktur auftritt, wird als „Monokline" bezeichnet. In der Böschung ist nun das vermauerte Mundloch des Stollens der Grube „Isenberg" zu erkennen, die um 1855 in Betrieb war und etwa 200 m Länge erreichte. Zahlreiche kleine Bodenvertiefungen in der Böschung, so genannte Pingen, zeugen davon, das hier weitere Flöze an der Geländeoberfläche aufgeschürft wurden. Die Schichten stehen nun wieder annähernd senkrecht, wie besonders eine Sandsteinbank in einem weiteren kleinen Steinbruch erkennen lässt. Im anschließenden Abschnitt liegt nun eine ganz enge Einmuldung vor, die Baaker Mulde. Die Flanken der Baaker Mulde stehen fast senkrecht und verlaufen annähernd parallel. Man spricht in solch einem Fall von isoklinaler („gleichwinkeliger") Faltung. Der Muldenkern liegt etwas nördlich vom Bushaltestellenschild bei Straßenkilometer 3,4. Die Schichten, die hier zu sehen sind, gehören zur Partie um Flöz Sonnenschein, das schließlich in der Straßenböschung direkt am Anfang der Kurve angeschnitten ist. (Vorsicht, Straßenverkehr, die Kurve ist sehr unübersichtlich!). Auch Flöz Sonnenschein wurde hier im 19. Jahrhundert abgebaut, das Mundloch des Stollens „Aetna und Gutglück" dürfte dem Straßenausbau zum Opfer gefallen sein.

Wer war nun aber der „Falter", der die Gesteinsschichten in so unterschiedliche Formen bog? Im Laufe der Oberkarbonzeit rückte das Variscische Gebirge ganz langsam nach Norden vor. Beginnend mit der Schüttung der Kaisberg-Schichten im Zeitabschnitt Namur C (vor ca. 317 Mio. Jahren; Aufschlüsse 5 und 6) hatte das Gebirge über lange Zeit den Abtragungsschutt geliefert, mit dem das nördlich davon gelegene Meeresbecken allmählich aufge-

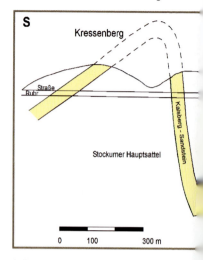

füllt wurde. Mit dem Vorrücken des Gebirges wurde aber am Ende des als Westfal bezeichneten Zeitabschnittes der Südrand des Ruhrbeckens mit in die Gebirgsbildung einbezogen. Dabei wurden die Schichten um etwa die Hälfte ihrer ursprünglichen Länge zusammengestaucht, ge-

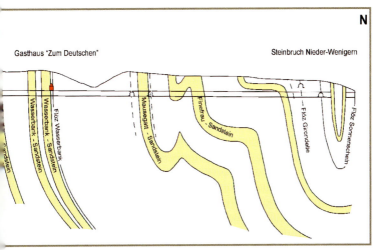

N

Gasthaus "Zum Deutschen"

Steinbruch Nieder-Wenigern

Wassertank - Sandstein

Flöz Wassertank

Mausegatt - Sandstein

Finefrau - Sandstein

Flöz Girondelle

Flöz Sonnenschein

Verschiedenartige Falten an der Ruhruferstraße bei Niederwenigern

faltet und an großen Störungen übereinander geschoben. Mit diesen Bewegungen kam die variscische Gebirgsbildung zum Abschluss: Dieselben Schichten, die hier am Südrand des Ruhrbeckens noch intensiv verfaltet sind, liegen am Nordrand des Ruhrgebietes, wo heute noch der Kohlenbergbau umgeht, außerhalb des Variscischen Gebirges fast flach.

18 Rittersitz auf hohem Fels

Die Isenburg, Hattingen

Dort, wo westlich von Hattingen die Ruhr eine enge, weit nach Süden ausgreifende Schleife bildet, erhebt sich der schroffe Felsen des Isenbergs. Seine exponierte Lage, die nach drei Seiten hin steil abfällt und das Ruhrtal um rund Hundert Meter überragt, gefiel schon Ende des 12. Jahrhunderts dem Herzog von Westfalen. Er ließ dort die Burg Isenburg errichten. Von hier aus konnte er leicht den Verkehr im Ruhrtal kontrollieren. Die kurze, aber spannende Geschichte dieser Burg und der späteren Grafen von Isenberg, die sich keineswegs immer adelig vornehm verhielten, sondern auch vor brutalem Mord nicht zurückschreckten, wird ausführlich in dem kleinen Führer „Von Grafen, Bischöfen und feigen Morden" geschildert. Dieses Buch sei hier zur weiteren Lektüre empfohlen. Die Geschichte der Burg endete damit, dass sie Ende 1225 vom Erzbischof von Köln erobert und völlig zerstört wurde. Heute sind die ausgegrabenen Grundmauern der Burg und das Burgmuseum „Haus Custodis" ein beliebtes Ausflugsziel. Allein der

Ein isolierter Bergrücken: Der Isenberg

Beliebter Klettergarten: Stark geklüftete Sandsteine am Isenberg

herrliche Ausblick über das Ruhrtal lohnt einen Aufstieg zur Burg.

Wodurch ist nun dieser herausragende Berg entstanden, der die malerische Burgruine trägt? Stellen wir unser Auto auf dem (beschilderten) Parkplatz an der Ruhruferstraße ab, so erkennen wir schon direkt oberhalb der Straße Sandsteinfelsen. Sie ragen aus der steilen, zur Ruhr hin abfallenden Böschung. Wir folgen nun dem Wanderweg zur Burg hinauf, der zunächst über eine kleine Seitenstraße und dann in einer nach links ausbiegenden Serpentine durch den Wald zur Burgruine führt. Geht man nicht direkt den beschilderten Weg zur Burg hinauf, sondern macht einen kurzen Umweg über die Nordspitze des Berges, so kann man von der dortigen Aussichtsplattform ins Tal hinunter blicken. Nach rechts führt der Weg weiter in ein ehemaliges Stein-

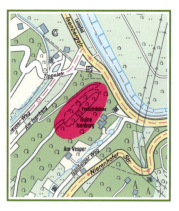

bruchgelände, das uns einen ersten Eindruck vom Aufbau des Berges vermittelt. Im Steinbruch sehen wir dickbankige Sandsteine der Kaisberg-Schichten. Es handelt sich hierbei um die ältesten Sandsteine des kohleführenden Abschnittes der Karbonzeit im Ruhrgebiet (s. Aufschluss 6).

Nachdem man die Aussicht von der Nordspitze des Burgplateaus über das Ruhrtal bewundert hat, sollte man durch die Ruinen am „Haus Custodis" vorbei zum mächtigen Stumpf des ehemaligen Bergfrieds wandern. Linkerhand fällt das Plateau steil ab in einen ehemaligen Steinbruch, dessen Betrieb auch ein Teil der Burgmauern zum Opfer gefallen ist. Schließlich erreichen wir den tief in den Fels hinein gehauenen Halsgraben der Burg. Er trennt die Burg vom weiterführenden Bergrücken des Isenbergs ab. Heute dient dieser tiefe Einschnitt als Freilichtbühne. Die senkrechte Wand des Grabens liefert uns erneut einen deutlichen Querschnitt durch die harten Bänke des Kaisberg-Sandsteins, der mit etwa 50° gegen die Horizontale geneigt ist. Die massiven Sandsteinbänke werden von nur sehr dünnen Tonsteinzwischenlagen getrennt. Hinweise auf Kohleflöze oder auch nur Wurzelböden sind nicht zu erkennen. Wir setzen den Weg nun noch etwa zehn Geh-Mi-

Aufschluss im Burggraben: Der Kaisberg-Sandstein

nuten weit fort, wobei wir uns immer auf dem Kamm des Berges halten. Wir erreichen den rechter Hand gelegenen Alpenvereins-Klettergarten Isenberg. Dieses Gelände, das über eine Tür zugänglich ist, ist ebenfalls ein ehemaliger Steinbruch im Kaisberg-Sandstein. Bei näherer Beobachtung fallen zahlreiche, mehr oder weniger senkrecht stehende Spalten im Gestein auf, die eine regelmäßige Anordnung erkennen lassen. Es handelt sich um Klüfte, die durch Bewegungen in der Erdkruste entstanden sind. Sie folgen meist Richtungen, die schräg zum Verlauf der Schichten angeordnet sind, das heißt in diesem Falle, sie verlaufen annähernd Nord-Süd oder Ost-West. Solche, schräg zum Schichtstreichen angeordneten Klüfte werden als Diagonalklüfte bezeichnet. Daneben treten auch Querklüfte auf (das heißt solche, die quer zum Schichtverlauf streichen) und Längsklüfte, die der Schichtung folgen.

Für den Rückweg zum Parkplatz benutzen wir den unteren Ausgang des Klettergartens und folgen dann dem asphaltierten Sträßchen nach rechts. Wir haben von dieser Straße aus einen schönen Blick über das Balkhauser Tal und auf den benachbarten Bergrücken des Kressenbergs, der von einem Wasserturm gekrönt wird. Der Wassertrum steht ebenfalls wie die Isenburg auf Sandstein. Würden die Gesteinsschichten im Bereich der Isenburg und des benachbarten Bergrückens normal übereinander abgelagert vorliegen, so müsste der Sandstein unterhalb Wassertrums älter als jener des Isenberges sein. Tatsächlich tritt in dem Bergrücken jenseits des Balkhauser Tals aber erneut der Kaisberg-Sandstein auf, wie wir beim Besuch der Aufschlüsse hinter dem Gasthaus „Zum Deutschen" feststellen können (Aufschluss 17). Die Schichten wiederholen sich hier also. Eine solche Schichten-Wiederholung wird durch Störungen im Gestein verursacht, die einzelne Schichtpakete übereinander schieben. Hier handelt es sich um die so genannte Satanella-Überschiebung. An dieser Störung, die sich aus dem Gebiet südlich von Essen-Kupferdreh bis in den Raum Dortmund verfolgen lässt, wurden ältere Schichten auf jüngere geschoben, so dass sich an der Erdoberfläche das Schichtpaket wiederholt. Hier in diesem Bereich beträgt der Höhenversatz der Schichten rund 300 Meter. Ein solcher geologischer Prozess läuft in sehr langsamen Zeitdimensionen ab, sodass er für das

menschliche Auge quasi unsichtbar ist. Was wir heute allerdings gut sichtbar erkennen können, ist das Balkhauser Tal, das dem Verlauf der Satanella-Überschiebung folgt. Das Balkhauser Tal dürfte seine Entstehung der Zerrüttung des Gesteins im Bereich der Störungszone verdanken. Auch auf seiner Westseite wird der Isenberg von einer Störung begleitet. Ihr Verwurf ist aber deutlich kleiner als der der Satanella-Überschiebung. Die Kuppe des südöstlich anschließenden Heinenbergs wird bereits vom jüngeren Wasserbank-Sandstein gebildet.

Stellen wir uns auf dem Rückweg zum Parkplatz noch einmal die Frage, weshalb der Isenberg sich so deutlich aus der Umgebung heraushebt, so wissen wir nun, dass er aus den harten Bänken des Kaisberg-Sandsteins aufgebaut wird, die der Verwitterung einen viel größeren Wiederstand entgegensetzten als die Tonsteine in seinem Hangenden und Liegenden. Darüber hinaus haben sicherlich auch die beiden Gebirgsstörungen, die diesen Sandsteinzug begleiten, besonders die Satanella-Überschiebung, zur Herausmodellierung des Berges beigetragen. Dort, wo die Ruhr in ihrem Lauf die harte Gesteinsrippe durchbrochen hat, fällt im Prallhang der Ruhrschleife der Berg besonders steil ab.

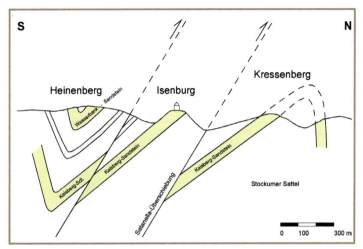

Querschnitt durch den Isenberg
(Dieser Schnitt schließt im Süden an die Abbildung auf den Seiten 118/119 an)

19 Weitgespannter Faltenwurf

Der Holthausener Sattel; Hattingen

Die Größe der steinernen Gebirgsfalten im Ruhrgebiet reicht von wenigen Metern bis zu etlichen Kilometern. Die an der Erdoberfläche zu sehenden Ausschnitte der Falten sind meist sehr klein. Eine Ausnahme macht der „Holthausener Sattel" im Sprockhöveler Bachtal südlich von Hattingen: Hier lässt sich an Hand mehrerer benachbarter Geländepunkte eine nach oben gewölbte Falte (Sattel) über immerhin rund anderthalb Kilometer Breite verfolgen.

Verlässt man Hattingen auf der Bundesstraße 51 nach Süden in Richtung Sprockhövel, so fällt am Ortsende linkerhand ein langgezogener, bewaldeter Bergrücken auf. Wir erreichen ihn, wenn wir in einer scharfen Linkskurve der Straße, gegenüber einer ehemaligen Bahnunterführung, nach links in die Straße „Sünsbruch" abbiegen. Direkt nach der Brücke über den Sprockhöveler Bach können wir am Bergfuß parken. Wir müssen nur wenige Schritte nach rechts um die Bergspitze herum gehen, um zu erkennen, dass der auffällige, lang gestreckte Bergrücken von einem harten Sandstein gebildet wird. In einer langgezogenen Kippenreihe ragt hier der Wasserbank-Sandstein aus dem Hang heraus. Es lohnt sich, der Klippenreihe durch den Wald zu folgen. Hier sind vielfältige Strukturen im Gestein wie zum Beispiel Schrägschichtung zu sehen (vergl. Aufschluss 8). Sie zeigen an, dass der Wasserbank-Sandstein in fließendem Wasser, wohl in einem Flusssystem oder einem Delta abgelagert wurde. Ein Teil der Sandsteine ist sehr feingeschichtet, das heißt es kamen rasch nacheinander grob- und feinkörnige Schichten zur Ablagerung. Andere Sandsteine sind massiv und dickbankig. Hier wurde schnell ein gleichkörniges Material geschüttet. Die Schichten fallen deutlich in den Hang hinein, das heißt, sie sind nach Norden zu geneigt. Wenn wir am Ende des Klippenzuges querfeldein den Bergrücken erklimmen, stoßen wir auf den Wanderweg X17, dem wir zum Auto zurück folgen. Blicken wir über das Tal des Sprockhöveler Bachs hinweg, erkennen wir die Fortsetzung des Sandsteinzuges auf der gegenüberliegenden Talseite.

Klippen des Wasserbank-Sandsteins am Sünsbruch

Kern des Holthausener Sattels an der Lüggersegge

Folgen wir der Bundesstraße nun etwa 600 m weiter nach Süden, so zweigt dort die Straße „Lüggersegge" nach links ab.

Auch hier erhebt sich gleich jenseits des Baches ein Höhenrücken. Wenn wir am Fabrikgebäude parken, führen uns wenige Schritte zu einem kleinen Steinbruch, in dem nun geradezu modellmäßig der Kern des Holthausener Sattels aufgeschlossen ist. Blickt man aus einigen Metern Entfernung auf die Felswand im Steinbruch, so sind die Schichten links genau in die entgegengesetzte Richtung wie die Schichten rechts geneigt.

Direkt im Sattelkern setzt ein Stollenmundloch an, vermutlich ein erfolglos gebliebener Bergbauversuch oder ein alter Luftschutzstollen. Auch hier treten dickbankige, zum Teil schrägge- schichtete Sandsteine auf. Es han- delt sich hierbei um die Sandstei- ne der Kaisberg-Schichten, die wir auch an anderen Gelände- punkten unseres Gebietes immer wieder beobachten können. Bei genauem Hinsehen lässt sich er- kennen, dass der Kaisberg-Sand- stein hier einzelne Lagen führt, in denen Geröllchen bis Kieselstein- größe angereichert sind. Der Kais- berg-Sandstein wird daher auch als „Konglomerat" bezeichnet. Über den Sandsteinbänken fol- gen Tonsteine, die spärlich fossile Pflanzenreste führen: Es sind Res- te von Schachtelhalmen (Calami- tes) und Farnen (z.B. Neuropteris, Sphenopteris und andere), die rechts vom Sattelkern hinter der Betonmauer zu finden sind. Über diesen Tonsteinen folgt eine wei- tere Sandsteinlage.

Fahren wir nun noch weiter nach Süden und biegen nach ca. 500 m in Bredenscheid rechts in die „Elfringhauser Straße" ein, so erreichen wir gleich hinter der Kreuzung mit der ehemaligen Bahntrasse rechterhand ein et- was verwahrlostes Steinbruch- gelände. Auf der rechten Seite sehen wir den uns bereits be- kannten Wasserbank-Sandstein. Erwartungsgemäß sind die Schichten hier nun nach Süden geneigt, das heißt wir befinden

uns jetzt auf der Südflanke des Holthausener Sattels (die beiden Seiten einer Falte werden als Flan- ken bezeichnet). Unter den Bäu- men am Hang erkennen wir zwei dünne Kohleflözen, die zur Flöz- gruppe „Wasserbank" gehören.

Besuchen wir schließlich noch den etwas höher gelegenen lin- ken Teil des Steinbruchs, so bli- cken wir hier auf eine große frei- gelegte Schichtfläche. Auffällig ist die unebene und unregelmäßi- ge Struktur dieser Schicht. Wenn wir genauer hinsehen, können wir zahlreiche kohlige Wurzelres- te erkennen, die diese Schicht durchziehen. Es handelt sich um den Wurzelboden des Flözes Wasserbank 1. Die Baumwurzeln des Waldmoores, das dieses Flöz ehemals bildete, sind bis in die unterlagernde Schicht einge- drungen. In der links gelegenen Böschung sehen wir wechselnde Schichten von Ton- und Sandstei- nen, in denen zwei weitere dünne Flöze (Wasserbank 2 und 3) vor- kommen, die ebenfalls von Wur- zelböden unterlagert werden.

Der Holthausener Sattel, den wir nun durchquert haben, gehört immer noch nicht zu den Großfal- ten, die im Ruhrgebiet vorkom- men. Auch er ist wiederum nur eine Spezialstruktur innerhalb der noch viel weiter gespannten Wit- tener Hauptmulde. Es lassen sich so im Ruhrgebiet Falten ganz un-

Schichtenfolge im Steinbruch Bredenscheid: Wasserbank-Sandstein, Flöz Wasserbank (unter dem Brombeergestrüpp), Wurzelboden unter dem Flöz

Freiliegender Wurzelboden des Flözes Wasserbank in Bredenscheid

terschiedlicher Dimension erkennen: Die Hauptfalten wie Wittener, Bochumer oder Essener Mulde erreichen Spannweiten bis zu 10 Kilometern oder mehr, größere Spezialfalten, wie hier der Holthausener Sattel, erreichen noch Größen im Bereich von rund einem Kilometer. Zahlreiche weitere Spezialfalten, wie wir sie z.B. am Ruhrufer bei Niederwenigern beobachten können (vergleiche Aufschluss 17) sind dagegen nur auf wenige Zehner bis Hundert Meter begrenzt. Auffällig ist, dass gerade die größten Falten (zu denen zum Beispiel auch der Stockumer Sattel gehört, den wir im Bereich des Ruhrtals mehrfach beobachten können; vergleiche Aufschlüsse 12, 17) auch am weitesten zu verfolgen sind, teilweise von Südwesten nach Nordosten durch das gesamte Ruhrkarbon.

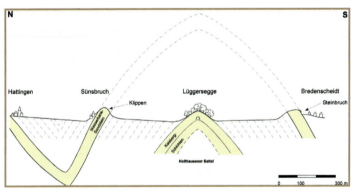

Querschnitt durch den Holthausener Sattel bei Hattingen-Bredenscheid

20 *Besuch beim Alten Mann*

Muttental, Witten-Bommern

Die Aufschlüsse im Muttental sind Teil des Bergbaurundweges Muttental. Zusammen mit dem Westfälischen Industriemuseum „Zeche Nachtigall" und dem benachbarten „Gruben- und Feldbahnmuseum" auf dem Gelände der früheren Zeche „Theresia" bildet er einen wichtigen Ankerpunkt der „Route der Industriekultur". Der Wanderweg führt durch eine reizvolle Waldlandschaft am Rande des Ruhrtals, die durch das Schloss Steinhausen und die Burgruine Hardenstein zusätzlich aufgewertet wird. Eine Anlegestelle für Ausflugsdampfer, die historische Museumseisenbahn von Hattingen nach Witten-Bommern und mehrere originale Gasthäuser schaffen zusätzliche touristische Anreize.

Im Verlauf des neun Kilometer langen Weges werden zahlreiche Objekte der über 450-jährigen Bergbaugeschichte im Muttental erläutert, die vom einfachen Kohlengraben der Bauern über den Stollen- und Erbstollenbau bis hin zum Tiefbau der Zeche Nachtigall und dem Notzeiten- und Nachlesebergbau in den Jahren nach dem Zweiten Weltkrieg reicht.

Neben historischen Relikten wie Stollenmundlöchern, historischen Zechengebäuden oder der Trasse der ehemaligen Kohlenbahn finden sich hier auch Rekonstruktionen ehemaliger Bergbaueinrichtungen wie Pferdegöpel oder Schachtgerüste. Besonders sehenswert sind zweifellos das historische Bethaus der Bergleute am Ausgang des Muttentals und die Anlagen der Ziegelei „Dünkelberg" auf dem Gelände der früheren Zeche „Nachtigall". Etwas abseits vom eigentlichen Muttental steht der hölzerne Förderturm der Kleinzeche „Egbert", in der noch bis 1976 (!) sozusagen handwerklich Kohle gewonnen wurde. Einen Höhepunkt der Besichtigung des Museumsgeländes stellt schließlich die Führung in den Untertagebereich des „Nachtigallstollens" dar, bei der auch ein originaler Kohleabbau gezeigt wird. Die Bergleute des Ruhrgebietes bezeichneten die Hinterlassenschaften des Bergbaus früherer Zeiten, auf die sie bei ihrer Tätigkeit stießen, als den „Alten Mann". Hier in der Umgebung des Muttentals wurden diese Hinterlassenschaften in Form

Westfälisches Industriemuseum: Ehemalige Zechte Nachtigall

einer Museumslandschaft der Öffentlichkeit zugänglich gemacht. Ein ausführlicher Besuch des Muttentals kann gut einen ganzen Tag in Anspruch nehmen. Wanderführer und weitergehende Informationen sind im ehemaligen Bethaus der Bergleute und im Westfälischen Industriemuseum (Zeche Nachtigall, Tel. 0231 / 6961-0) sowie beim Verkehrsverein Witten (Tel. 02302 / 581-1308) erhältlich.

Die geologischen Aufschlüsse dieses Gebietes konzentrieren sich auf den Bereich beim Schloss Steinhausen, den Ziegeleisteinbruch „Dünkelberg" im Muttental und den Ruhrhang bei der Burgruine Hardenstein. In diesem Bereich ist ein besonders kohlereicher Teil der Karbonschichten vertreten. Es handelt sich um die Unteren Wittener Schichten zwischen Flöz Finefrau-Nebenbank

Ein „Lochstein" diente zum Vermessen der Grubenfelder

und Flöz Mausegatt. In diesem rund 100 m mächtigen Schichtpaket treten sechs bauwürdige Kohleflöze mit insgesamt fünf Meter Kohle auf. Der Kohleanteil beträgt demnach fünf Prozent der Schichtenfolge und ist damit etwa doppelt so hoch wie sonst im Ruhrkarbon, wo er nur etwa 2 bis 2,5 Prozent beträgt. Es ist daher nicht verwunderlich, dass sich der frühe Bergbau im südlichen Ruhrgebiet auf diesen kohlereichen Abschnitt des Oberkarbons konzentrierte.

Wir beginnen die Betrachtung der geologischen Aufschlüsse an der Nachtigallstraße unterhalb von Schloss Steinhausen. Dort geben mehrere kleine Steinbrüche einen guten Einblick in die Entstehungsgeschichte des Finefrausandsteins. Unmittelbar hinter

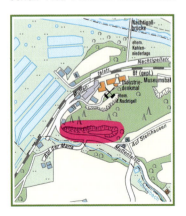

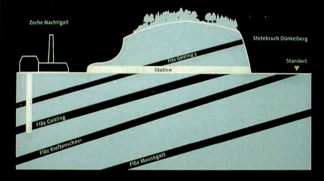

1

····

Besucherstollen Nachtigall
Steinbruch Dünkelberg

Im Steinbruch sehen Sie die aufgeschlossenen Schichten aus Sandstein, Kohle und Schieferton. Das Flöz Geitling 3 fällt schräg nach unten und findet sich im Inneren des Stollens wieder.

Der Steinbruch wurde von der Ziegelei Dünkelberg betrieben, die sich auf dem Gelände der 1892 stillgelegten Zeche Nachtigall auf der anderen Seite des Berges befand. Der gewonnene Schieferton gelangte durch den 130 m langen Nachtigallstollen – auf kürzestem Wege direkt durch den Berg – zum Ziegeleigelände.

Später, während der Kohlennot nach dem Zweiten Weltkrieg, diente der Nachtigallstollen dem Abbau von Kohlevorkommen, die zuvor wegen ihrer geringen Mächtigkeit als unbauwürdig galten.

Heute ist der Nachtigallstollen zum Besucherbergwerk ausgebaut.

Erläuterungstafel am Bergbauwanderweg durchs Muttental

dem eisernen Tor des Feldbahnmuseums an der Böschung und in einem kleinen Steinbruch ist der 20 Meter mächtige Finefrausandstein aufgeschlossen. Er ist bankig ausgebildet und zeigt viele Spalten und Klüfte. Innerhalb des Gesteins sind Partien zu erkennen, die eine schräge Schichtung zeigen (vergleiche Aufschluss 8). Solche Schrägschichtungen deuten darauf hin, dass dieser Sandstein in einem ehemaligen Flussbett abgelagert wurde. Bemerkenswert ist an der Westseite des folgenden kleinen Steinbruchs eine etwa 20 Meter breite Rinnenstruktur. Parallel geschichtete Sandsteinlagen in der Rinne deuten auf ehemals schnell fließendes Wasser hin, das die mehrere Meter tiefe Rinne zunächst ausräumte und anschließend rasch mit Sanden auffüllte. Auch einzelne kiesführende (konglomeratische) Lagen deuten auf hohe Strömungsgeschwindigkeit hin. Die über der Rinne liegende etwa zwei Meter mächtige Sandsteinbank ist dagegen in ruhiger strömenden Wasser abgelagert worden, wie die zahlreichen kleinen Schrägschichtungslagen erkennen lassen.

Auf der Nachtigallstraße passieren wir nun das Westfälische Industriemuseum „Zeche Nachtigall". Diese Zeche war von 1714 bis ca. 1890 in Betrieb. Das Fördermaschinenhaus des Schachtes Herkules dieser Zeche beherbergt heute den Museumseingang. In der ersten Etage vermittelt eine Original-Dampffördermaschine einen Eindruck der Technik vergangener Tage. Nach der Stilllegung des Bergwerks im Jahre 1896 etablierte sich hier die Ziegelei „Dünkelberg", in der karbonische Tonsteine zu Ziegeln verarbeitet wurden. Außerdem wurde auch ein Sandsteinbruch betrieben. Die Tonsteine für die Ziegelei stammten aus dem Steinbruch auf der anderen Seite des Berges, von dem aus sie über den „Nachtigallstollen" zur Ziegelei gebracht wurden. Der 130 Meter lange Stollen und die von dort aus angelegten Kohlenabbaue in Flöz Mentor können vom Museum aus im Rahmen von regelmäßigen Führungen besichtigt werden. Verschiedene geologische Aufschlüsse, die Brennöfen der Ziegelei mit ihrem markanten, viereckigen Schornstein wurden inzwischen sorgfältig restauriert, ebenso der Schachtkopf der früheren Steinkohlenzeche. Wir fahren nun an einigen Häusern vorbei nach links umbiegend zum Ausgang des Muttentals. Dort liegt linkerhand der große Steinbruch der Ziegelei „Dünkelberg". Direkt vor dem Steinbruch bestehen eingeschränkte Parkmöglichkeiten. Der Steinbruch erschließt

Historischer Kraftprotz: Die dampfbetriebene
Fördermaschine des Schachtes Herkules

eine Schichtenfolge, die vom Geit-
ling-1-Sandstein bis zum Finefrau-
sandstein reicht, der die Oberkante des Steinbruchs bildet.

Einen Überblick über den
Steinbruch bekommt man am Besten von der gegenüberliegenden Talseite aus. Die Schichtenfolge der steilen Steinbruchwand
läßt oberhalb vom Stollenmundloch eine Dreigliederung erkennen: Der untere Abschnitt ist ca.
10 m mächtig und besteht aus
Ton- und Schluffstein (Schluff ist
etwas gröber als Ton). Die Schichten enthalten eine auffallend gel-
be und stark aufgelockerte Sandsteinbank. Dieses Gestein ent-

stand wahrscheinlich in einer La-
gune oder in einem überfluteten
Küstenbereich. Darüber folgt das
Flözniveau Geitling 2 mit nur wenigen Wurzelresten, aber hier
ohne Kohleführung. Offenbar
wurde das Moor rasch vom Meer
überflutet, wie der folgende Abschnitt, eine ca. 20 m mächtige to-
nige Folge zeigt, die von anfäng-
lich marinen zu brackischen Sedi-
menten übergeht. An ihrer Basis
liegt der marine Geitling-2-Hori-
zont, der Muscheln und Wurm-
spuren von Planolites ophthalo-
mides enthält. Nach oben wird
die stark verwitternde Tonfolge,
die an der Steinbruchwand deut-

liche Halden bildet, von dem 0,3 Meter mächtigen Flöz Mentor (Geitling 3) mit sandigem Wurzelboden abgeschlossen. Den obersten Abschnitt des Profils bildet der Finefrau-Sandstein. Er ist ein konglomeratischer Mittelsandstein, wie wir ihn bereits unterhalb Schloss Steinhausen kennen gelernt haben. Der Sandstein besteht aus Großrippellagen und erosiven Trögen nach Art von verzweigten Flusssystemen. Große Treibhölzer sind häufig.

Während sonst meist die Sandsteine Anlass zur Anlage von Steinbrüchen Anlaß gaben, waren es hier die Tonsteine, die den Rohstoff für die benachbarte Ziegelei bildeten. Die Schichtenfolge im Steinbruch „Dünkelberg" liegt nur scheinbar horizontal. In Wirklichkeit fallen die Schichen vom Betrachter weg in den Berg hinein, weshalb der Finefrau-Sandstein jenseits des Berges – unterhalb von Flöz Steinhausen – im Straßenniveau zu beobachten war und das Flöz Mentor im Nachtigallstollen angetroffen wurde. Zusätzlich wird die Schichtenfolge von mehreren Gebirgsstörungen durchschlagen, die die Schichten jeweils um einige Meter gegeneinander versetzen. Besonders deutlich wird das an einer Störung am linken (westlichen) Ende des Steinbruchs, durch die der Finefrau-Sandstein

bis in den Straßenbereich versetzt wird. Leider liegt diese Störung hinter der Umzäunung und ist deshalb zur Zeit nur schwer über das Museumsgelände zugänglich. Am entgegengesetzten, östlichen Ende des Steinbruchs finden wir einen zwei bis drei Meter mächtigen Wurzelboden und darüber die Reste des vollständig abgebauten, 1,5 m mächtigen Flözes Geitling 1. Die Bergleute gewannen die stückige Kohle und hinterließen nur feinste Kohlereste, die sich beim Nachgraben noch nachweisen lassen. Im Südosten des Steinbruchgeländes deuten oberirdische Kohleabbaustätten, die als kleine Vertiefungen in der Geländeoberfläche (Pingen) zu sehen sind, auf einen frühen Steinkohlenbergbau hin.

Der Abbau von Flöz Geitling 1, das wegen seiner Dicke und Reinheit ein begehrtes Steinkohlenflöz darstellte, ist hier in drei Phasen erfolgt. Am ältesten ist der Abbau in Pingen, das heißt durch Graben an der Oberfläche. Die beiden nachfolgenden Phasen des Abbaus durch Stollen- und Tiefbau sind hier nicht sicher auseinanderzuhalten. In der Regel ist der Stollenbergbau der ältere. Möglicherweise erfolgte aber hier zunächst im 19. Jahrhundert der Tiefbau durch die Zeche Nachtigall. Von den Schächten Neptun und Herkules folgte man den Flö-

Steinbruch Muttental: Schichtenfolge vom Finefrau-Sandstein bis Flöz Geiling 1

zen im Einfallen bis dicht an die Erdoberfläche, ließ jedoch einen Rest Kohle als Schutz vor Wasserzuflüssen stehen. Dieser Kohlepfeiler wurde dann nach Beendigung des Tiefbaus (1892) im Stollenbetrieb herein gewonnen.

Wer nur wenig Zeit hat und nicht den gesamten Bergbauwanderweg besuchen will, dem sei die kurze Wanderung zur Burgruine Hardenstein nahegelegt. Am Ruhrhang sind auf dem Weg dorthin zwei Stollenmundlöcher und in aufgelassenen Steinbrüchen mächtige Sandsteinpakete (der Mausegatt-Sandstein) mit vielfältigen Sedimentstrukturen (Schrägschichtung, Rippeln, Diskordanzen u. a.) zu beobachten. 50 Meter hinter der Burgruine Hardenstein ist unterhalb der Gleise am Ruhrhang das Mundloch des St. Johannis-Erbstollens zu sehen. Der 1,7 Kilometer lange Stollen aus dem 18. Jahrhundert quert in südöstlicher Richtung die Faltenstrukturen des Muttentals und diente zur Entwässerung der frühen, über dem Stollen gelegenen Grubenbaue. Das aus dem Stollen fließende bräunliche Wasser hat seine Färbung aufgrund der Verwitterung eisenhaltiger Minerale im Steinkohlengebirge.

21 Untertage von Wetter bis Wuppertal

Der Schlebuscher Erbstollen, Wetter

Fährt man von Witten-Bommern aus über Wengern in Richtung Volmarstein, so zweigt kurz hinter Oberwengern nach rechts eine kleine Straße in Richtung Vosshöfen ab. Unmittelbar danach überquert die Hauptstraße den Stollenbach. Direkt hinter der Bachbrücke kann man dann rechts an der Straße leicht eine weiße Tafel übersehen, die auf den Schlebuscher Bergbaulehrpfad hinweist. Hier beginnt ein ausgedehntes Wandergebiet, das sich in mehreren Wegvarianten durch das so genannte Oberwengerner Revier bis Albringhausen (Aufschluss 22) hinzieht und nicht nur etliche Zeugen „des Alten Mannes" erschließt, sondern vor allem durch eine idyllische Landschaft führt, die sehr schnell alle Klischees über den „Kohlenpott" vergessen lässt. Als „Alter Mann" bezeichnet der Bergmann die Hinterlassenschaften seiner Vorgänger, seien es alte Stollen, verlassene Abbaufelder oder Pingen, in denen die Kohle von der Erdoberfläche her gegraben wurde.

Der schmale Wanderweg führt links vom Bach talaufwärts. Nach wenigen Zehner Metern beobachtet man rechts am Bachufer einen kräftigen Wasseraustritt, der sich unter einer Steinabdeckung heraus in den Stollenbach ergießt. Dies ist die „Rösche" des „Schlebuscher" oder „Dreckbänker Erbstollens", dessen Mundloch wir neben einem Reiterhof nach rund 100 Metern erreichen. Die Stollenrösche ist der Abzugsgraben, der das Wasser vom eigentlichen Stollenmundloch in den Bach ableitet. Damit dieser Graben nicht durch Unrat, Laub und Äste oder im Winter durch Schnee und Eis verstopft, wurde er meist mit Steinplatten überdeckt.

Wenig später, neben dem Reitplatz und benachbart zu einem alten Fachwerkhof erreichen wir dann das eigentliche Stollenmundloch. Das Mundlochbauwerk des Schlebuscher Erbstollens zeigt eine eigenartige Architektur: Zum Stollen hinab, der hier schon einige Meter unter dem Hang ver-

Bizarre Formen und Farben: Tropfsteine aus Eisenoxid

läuft, führt nur eine enge, mit einer Tür verschlossene Treppe. Den Firstsstein über dem Niedergang ziert der Namenszug des Stollens. Daneben findet sich aber noch ein keiner Seitenraum, der vielleicht als Gerätekammer für den Stollenwärter gedient hat. In dessen Zugang ist augenscheinlich die Ka-

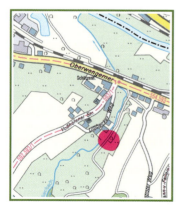

minummauerung eines herrschaftlichen Gebäudes mit verarbeitet worden, die der gesamten Anlage wohl ein besonders repräsentatives Aussehen verleihen sollte. Möglicherweise könnten das dort eingemeißelte Wappen und die Initialen „L.HA.ST" Auskunft über die Herkunft des Bauteils geben. Tatsächlich hat dieser Stollenmund eine besondere Herausstellung verdient; ist er doch der Beginn des mit über 15 Kilometer längsten Erbstollens des Ruhrreviers. Was hat es nun mit diesen Erbstollen auf sich, die uns an vielen Stellen des Ruhrtals begegnen? Als die Bergwerke im 17. und 18. Jahrhundert immer tiefer wurden, wuchs das Problem der Wasserhaltung an. Es wurde immer schwieriger, das Grundwasser aus den Schäch-

Der Schlebuscher Bergbauwanderweg führt durch das idyllische Stollenbachtal

ten und Stollen zu heben. Damals konnte man nur mit sehr einfacher Pumpentechnik das Wasser aus den tiefliegenden Hohlräumen an die Oberfläche befördern. Waren die Wasserzuflüsse zu stark, drohte das Bergwerk zu ersaufen und musste aufgegeben werden. Die einzige Lösung dieses Problems lag darin, von möglichst tief gelegenen Punkten der Erdoberfläche aus – also zum Beispiel aus dem Ruhrtal heraus – Stollen aufzufahren, die die benachbarten Bergwerke unterfuhren, so dass diese ihr Grubenwasser in den Stollen ableiten konnten, von wo es dann zu Tage abfließen konnte. Nun war solch ein Stollenbau eine kostspielige Angelegenheit, zumal die Stollenführung über weite Strecken durch taubes Gestein gehen

musste und nicht etwa durch gewinnbringende Kohle. Zur Anlage solcher Stollen wurde ein eigenes Recht geschaffen, das festlegte, dass die Eigentümer aller Bergwerke, die von der Wasserlösung durch den Stollen profitierten, der stollenbauenden Gesellschaft, oder wie es im Bergbau heißt, der Gewerkschaft, eine Abgabe zu entrichten hatten. Darüber hinaus erhielt die Erbstollen-Gewerkschaft meist auch das Recht, die Kohlen zu gewinnen, die sie beim Stollenbau antreffen würde. Im Gegensatz zu den rechtlichen Verhältnissen zum Beispiel im Harzer Erzbergbau, wo ein höher gelegener Wasserlösungsstollen durch die Anlage eines tieferen „enterbt" wurde und seiner Rechte verlustig ging, blieben im Ruhrbergbau die

Mundlochbauwerk des Schlebuscher Erbstollens

„Erbstollengerechtigkeiten" als Rechtstitel bestehen. Sie wurden für den Schlebuscher (bzw. Dreckbänker) Erbstollen vom Bergamt erst 1959 aufgehoben, da der damalige Eigentümer den Stollen nicht mehr unterhalten hat.

Der Vortrieb des Schlebuscher Erbstollens wurde als „Trapper Erbstollen" um 1760 begonnen. Die Abmessungen des Stollens betrugen etwa 1 m Breite und gut 2 m Höhe. In regelmäßigen Abständen wurde der Stollen über so genannte Lichtlöcher mit der Erdoberfläche verbunden. Dies war nötig, um die Frischluftzufuhr in den Stollen sicherzustellen, in dem nicht nur die Bergleute, sondern auch ihre offenen Gruben-

lampen Sauerstoff benötigten. Außerdem ließ sich über die Lichtlöcher das herausgebrochene Gestein leichter zu Tage fördern. Einige der Lichtlöcher des Schlebuscher Stollens sind noch erhalten und zum Teil kunstvoll ausgemauert. Um 1788 hatte der Stollen die Grube „Trappe" bei Silschede erreicht, von deren Gewerken die Initiative zum Stollenbau ausgegangen war. Bis 1834 war der Stollen mit einigen Querschlägen, die benachbarte Gruben im Raum Sprockhövel anschlossen, auf rund 5,5 km Länge angewachsen. Obwohl ihr schon 1819 von der Bergbehörde das Recht verliehen worden war, den Stollen bis in den Raum Herzkamp fortzuführen, gab die Schlebuscher Gewerkschaft aber um 1835 den weiteren Stollenvortrieb auf. Wahrscheinlich überstiegen die erforderlichen Investitionen die finanziellen Möglichkeiten der Gesellschaft. 1841 verlieh das Bergamt daraufhin das Erbstollenrecht an eine von den Eigentümern der Zeche „Dreckbank" neugebildete Gewerkschaft, die nun den weiteren Vortrieb in westliche Richtung vornahm. In diesem Abschnitt trug der Stollen nun den Namen „Dreckbänker Erbstollen". (Das Flöz Dreckbank war ein wichtiges Flöz der Sprockhöveler Schichten.

Da sein Name aber manche Händler vom Kauf der daraus gewonnen Kohlen abhielt, wurde es später in Flöz Wasserbank umbenannt.)

Die Kalkulation, die dem Bau des „Dreckbänker Erbstollens" zu Grunde lag, ist noch erhalten. Danach rechnete man mit Baukosten von gut 66.000 Reichstalern, die auf eine geplante Bauzeit von 11 Jahren umgelegt wurden. Erstaunlich ist, dass man zu dieser Zeit noch die kostenintensive Fortführung des Wasserlösungsstollens in Angriff nahm, standen doch bereits seit 1799 dem Ruhrbergbau die ersten, mit Dampf

Kunstvoll ausgemauert: Senkrechter Blick in ein ovales Lichtloch des Schlebuscher Stollens

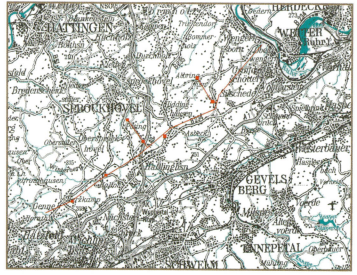

Von Wetter bis Wuppertal: Verlauf des Schlebuscher Erbstollens
mit den wichtigsten angeschlossenen Zechen

betriebenen Pumpen zur Verfügung.

Beim weiteren Stollenvortrieb folgte man, wegen des leichteren Vortriebs und der gleichzeitigen Gewinnung von verkaufsfähiger Kohle, weitgehend dem Flöz Neuflöz im Streichen der Herzkämper Mulde. Im Jahr 1860 hatte der Stollen bereits 10 km Länge erreicht und 1902 schließlich eine Gesamtlänge von rund 15 km, davon verlaufen etwa 12 km in Kohle und 3 km im Nebengestein. Insgesamt wurden durch den Stollen die Grubenbaue von 13 Zechen „gelöst", das Wassereinzugsgebiet beträgt

rund 36 km², die größte Tiefe des Stollens unter der Erdoberfläche liegt bei 175 m. Die westlichste Grube, die der Stollen erreichte, war die Kohlen- und Eisensteingrube Herzkamp, die sich bis unmittelbar an die Stadtgrenze zwischen Haßlinghausen-Gennebreck und Wuppertal-Dönberg erstreckte. Das Zechengebäude dieser Grube ist in Gennebreck-Herzkamp noch vorhanden. Nachdem in den zwanziger Jahren der Bergbau im Raum Haßlinghausen eingestellt worden war, verlor der Stollen seine Bedeutung. Lediglich die Zeche Neuwülfingsburg, die bis 1967 in Albringhausen tätig war, führte zuletzt noch ihre Grubenwässer in den Stollen ab. Seitdem ist der Schlebuscher Erbstollen ein zwar nutzlos gewordenes, aber dennoch sehr bemerkenswertes technisches Denkmal. Zumindest der im Gestein aufgefahrene erste Stollenabschnitt bis zur Zeche Trappe ist bis heute gut erhalten und gibt bei einer Befahrung interessante Einblicke sowohl in die Bergbautechnik früherer Zeiten wie in die Geologie dieses Teils der Herzkämper Mulde. Bemerkenswert sind rote, über Halbmeter große Tropfsteine aus Eisenoxiden, die sich an einigen Stellen finden. Sie verdanken ihre Entstehung der Verwitterung von eisenhaltigen Mineralien im Gestein. Dies kann sowohl Eisensulfid sein, der goldglänzende Pyrit, der vor allem in den dunklen Tonsteinen auftritt, ebenso wie Eisenkarbonat, Siderit, das eine Bildung der karbonzeitlichen Moorseen ist.

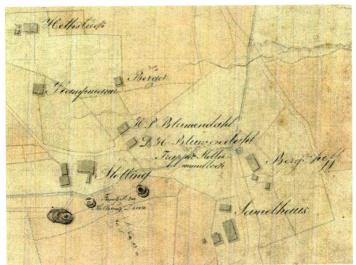

Der Mundlochbereich des damals noch „Trapper Stollen" benannten Schlebuscher Erbstollens in Oberwenigern; Grubenplan von 1856

22 Prachtvolles aus Ruhrsandstein

Ruhrsandsteinbruch der Firma Külpmann, Wetter-Albringhausen

Am Südhang des Böllberges in Wetter-Albringhausen betreibt die Firma Külpmann einen Ruhrsandsteinbruch. Derzeit gibt es im Ruhrgebiet nur noch sechs Naturstein-Produktionsstätten. Für einen Besuch des Steinbruchs ist eine vorherige Anmeldung erforderlich (Tel. 02335 / 7421-23, Zechenweg 20, 58300 Albringhausen-Wetter).

Von 1934 bis 1967 wurde hier in Albringhausen die Zeche Neu-Wülfingsburg betrieben. Die Kohlenförderung konzentrierte sich auf die mächtigeren Flöze „Neuflöz", „Wasserbank" und „Hauptflöz" in den Sprockhöveler Schichten, die untertage abgebaut wurden. Nach der Einstellung des Bergbaus übernahm der Natursteinbetrieb der Firma Külpmann das Gelände und die noch vorhandenen Zechengebäude. Ein Schriftzug weist noch auf den ehemaligen Kohlenabbau hin.

Im etwas oberhalb am Berghang gelegenen Steinbruch wird der Besserdich-Sandstein gewonnen, der ebenfalls zu den Sprock-

Auffallendes Landschaftselement: Der Steinbruch Külpmann

Aufrecht stehend eingebettet: Ein Baumrest in Flöz Besserdich

Über dem Sandstein liegt Flöz Besserdich

hövel-Schichten gehört. Namensgebend für den Sandstein ist das
überlagernde Kohlenflöz Besserdich. Es zieht sich als eine etwa 30
cm dünne Lage durch den gesamten Steinbruch. Durch den Farb-
kontrast zwischen hellen und

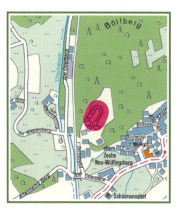

dunklen Gesteinsschichten sticht
das schwarze Kohlenband dem
Betrachter sofort ins Auge. Eine
Besonderheit im Steinbruch der
Fa. Külpmann sind einzelne, aufrecht stehende Baumstämme, die
aus dem Kohleflöz meterhoch in
das überlagernde Gestein ragen. Diese Bäume müssen sehr
schnell, vielleicht bei einem plötz-
lichen Hochwasser, verschüttet
worden sein, da sie sonst zweifellos nach dem Absterben verrottet
wären.

Im technischen Sinne werden
alle Sandsteinvorkommen der Unteren und Oberen Sprockhövel-
Schichten als Ruhrsandstein bezeichnet. Erdgeschichtlich gesehen ist der Ruhrsandstein im Zeitabschnitt Namur C, vor etwa 316,5

Millionen Jahren entstanden. Oberflächennahe Vorkommen des Ruhrsandsteins finden sich nördlich der Ruhr im Ardeygebirge bei Dortmund und weiter westlich auf beiden Ruhruferseiten bis hin nach Mülheim. Die Entstehung des Ruhrsandsteins ist eng an die Bildung der frühen Kohlenflöze im Ruhrgebiet geknüpft. Das Wechselspiel zwischen den Sandablagerungen großer Flussdeltas und heranwachsenden Moorlandschaften im Küstenbereich des Karbonmeeres führten über einen Zeitraum von mehreren 100.000 Jahren zur Bildung des Ruhrsandsteins mit zwischengelagerten Kohlenflözen (vergleiche Aufschluss 10).

Der Ruhrsandstein ist im Gegensatz zu vielen anderen in Mitteleuropa gewonnenen Sandsteinen sehr widerstandfähig. Er ist äußerst hart, kompakt, unempfindlich gegen extreme mechanische Beanspruchung und weitgehend resistent gegenüber Umwelteinflüssen. Außerdem verfügt er, angefangen von grauen über blaue, gelbliche bis hin zu bräunlichen Farbtönen über eine große Farbpalette. Beide Eigenschaften – Widerstandfähigkeit und Farbvarianz – machten und machen den Ruhrsandstein zu einem beliebten Baumaterial im Innen- und Außenbereich. Er wurde früher in großer Zahl als Bruch- und Werkstein u.a. für den Bau

Ruhrsandstein, in früherer Zeit ein beliebter Baustoff auch für einfache Häuser (Wohnhaus in Albringhausen)

Gewinnung von Polygonplatten für den Wegebau

Spalten großer Sandsteinblöcke

Die Arbeit des Steinmetzen erfordert viel Geschick

von Häusern, Eisenbahnbrücken oder Böschungsmauern gewonnen. Beispiele für diese Verwendung finden wir überall in der Umgebung: Viele Gehöfte im Raum Albringhausen sind aus diesem Material gemauert, ebenso das große Eisenbahnviadukt, das östlich von Witten über das Ruhrtal führt.

Der auf dem Betriebsgelände der Firma Külpmann vorkommende Besserdich-Sandstein wird vor allem im Gartenlandschaftsbau verwendet. Mauersteine, Fassadenplatten, Stufenplatten, Pflastersteine, Wasserbausteine oder auch Kaminver-blendungen sind einige Beispiele aus der noch weitaus größeren Produktpalette des Natursteinbetriebes. Für die Sandsteinproduktion wird das hier abzubauende Gestein zunächst mit Schwarzpulver, einem sehr leichten Sprengmittel, in den Bruchwänden gelockert. Anschließend ziehen Bagger die losen Sandsteinblöcke aus der Wand. Dünnplattig spaltende Sandsteine können direkt als Weg- und Terrassenplatten (sog. Polygonplatten) genutzt werden. Sandsteinblöcke werden vor Ort zu den gewünschten Endprodukten verarbeitet. Gesteinssägen bringen die Blöcke in das ge-

Prachtbauten aus der Zeit des Historismus: Treppe des Rathauses in Wetter

wünschte Format. Beim so genannten Flammstrahlen werden die Werksteine mit einer Flamme von ca. 3.200 °C bestrahlt. Dadurch werden die Gesteinsoberflächen aufgeraut, indem einzelne winzige Sandsteinkörnchen aus dem Gestein gesprengt werden. Das Flammstrahlen gibt dem gesägten Sandstein einen „naturnahen Charakter", das heißt diese Bearbeitungsmethode dient der optischen Aufwertung. Außerdem wird durch das Aufrauhen der Steinoberflächen eine Rutschhemmung erzeugt, wenn der Sandstein als Fußbodenplatte eingesetzt wird. Steinmetze bringen den Sandstein in sorgfältiger Handarbeit in (fast) jede gewünschte Form. Mit Bossierhammer und Setzeisen werden die glatten Sägekanten entlang vorgezeichneter Linien abgeschrägt und in eine naturnahe Form gebracht.

Die Steingewinnung und -bearbeitung hat im Ruhrgebiet eine lange Tradition. Stein ist im Vergleich zu anderen Baumaterialien wie etwa Holz wesentlich langlebiger. Er überdauert Jahrhunderte und steinerne Gebäude bilden daher eine ausgezeichnete Geschichtsquelle, die in ihrer Formensprache den jeweiligen Zeitgeist widerspiegeln. Betrachten wir dazu einige historische Bauwerke im Stadtgebiet von Wetter:

Von der früheren Burg Wetter an der Ruhr sind noch Mauerreste und der Burgturm aus dem 13.

Jahrhundert erhalten geblieben. Schon diese frühen Baurelikte bestehen aus Ruhrsandstein. Als wohlhabende Unternehmerfamilien am Beginn des 20. Jahrhunderts repräsentative Villen errichteten, griffen sie auf diese „altdeutsche" Bautradition zurück.

Ein Beispiel hierfür ist die Villa Bönnhoff in der Kaiserstraße 51. Sie wurde 1901/02 im „deutschen" Renaissance-Stil gebaut. Der Schweifgiebel und der Turm der Villa werden aus hellem Ruhrsandstein geformt. Auch bei der Ausgestaltung öffentlicher Repräsentationsbauten jener Zeit kam der Ruhrsandstein zum Einsatz. Einen repräsentativen Treppenaufgang und Portalbereich aus Ruhrsandstein können wir am Rathaus von Wetter betrachten. Es wurde im Stil des Historismus im Jahre 1909 erbaut. Weitere Beispiele für Prachtbauten der Wilhelminischen Zeit sind in der Umgebung der Berger-Turm bei Wit-

ten oder das Kaiser-Wilhelm-Denkmal auf der Hohensyburg bei Dortmund (Aufschluss 5). Gerade hier zeigt die Fassade der Spielbank aber auch, dass sich der Ruhrsandstein auch hervorragend mit moderner Architektur kombinieren lässt.

Bergerturm bei Witten

Bergbau- und Geologiewander- wege im Exkursionsgebiet

Dortmund-Hohensyburg:

Syburger Bergbauweg mit Besucherbergwerk „Graf Wittekind", 2 km Länge; Förderverein Bergbauhistorischer Stätten Ruhrrevier e.V., Arbeitskreis Dortmund

Herdecke:

Energiewirtschaftlicher Wanderweg Herdecke, 4 km Länge; Stadt Herdecke

Bochum:

Geologischer Garten Bochum; Stadt Bochum

Bergbau-Wanderweg Ruhr-Uni, 14 km Länge; Förderverein Bergbauhistorischer Stätten Ruhrrevier e.V., Arbeitskreis Bochum

Bergbau-Wanderwege Bochum-Süd; 3 Wege: Bochum-Stiepel, Länge 14 km; Weitmarer Holz, Länge 6 km; Bochum-Sundern, Länge 6 km; Stadt Bochum, Bezirksvertretung Bochum Süd

Bergbau-Wanderweg Bochum-Dahlhausen; 8 km Länge; Bergmannstisch Bochum-Süd e.V.

Sprockhövel:

Deutschland-Weg, Länge 9 km; Alte-Haase-Weg-Nord, Länge 8,5 km; Alte-Haase-Weg-Süd, Länge 9 km; Herzkämper-Mulde-Weg, Länge 8,5 km; Förderverein Bergbauhistorischer Stätten Ruhrrevier e.V., Arbeitskreis Sprockhövel

Witten:

Bergbau-Rundweg Muttental; Länge 9 km; Verkehrsverein Witten

Wetter:

Bergbau-Rundwege: Schlebuscher Weg, Länge 8 km; Erbstollenweg, Länge 10 km; Neuwülfingsburg-Weg, Länge 10,5 km; Stadtmarketing Wetter e.V. & Förderverein Bergbauhistorischer Stätten Ruhrrevier e.V., Arbeitskreis Wetter/Herdecke

Überregional:

Route Industriekultur: Westfälische Bergbau-Route; Kommunalverband Ruhrgebiet

Weiterführende Literatur

DROZDZEWSKI, G.; WREDE, V. (1994): Faltung und Bruchtektonik – Analyse der Tektonik im Subvariscikum. – Fortschr. Geol. Rhld. u. Westf., 38: 7–187; Krefeld.

BECKER, T.; BLESS, M.J.M; BRAUCKMANN, C.; FRIMAN, L.; HIGGS, K.; KEUPP, H.; KORN, D.; LANGER, W.; PAPROTH, E.; RACHEBOEF, P.; STOPPEL, D.; STREEL, M.; ZAKOWA, H. (1984): Hasselbachtal, the section best displaying the Devonian-Caboniferous boundary beds in the Rhenish Massif (Rheinisches Schiefergebirge). – Cour. Forsch.-Inst. Senckenberg, 67: 181–191; Frankfurt/M.

BEIER, E. (2003): Bergbauwanderweg „Ruhr-Uni". – 36 S.; Bochum.

BRAUCKMANN, C.; SCHÄFER, A.; DROZDZEWSKI, G.; WREDE, V. (1993): Stratigraphie, Sedimentologie und Tektonik im Oberkarbon des Subvariscikums.- Dt. geol. Ges. 145. Hauptvers., Exkursionsführer: 25–40; Krefeld.

BRAUCKMANN, C. (1991): Arachniden und Insekten aus dem Namurium von Hagen-Vorhalle (Ober-Karbon; West-Deutschland). – Veröff. Fuhlrott Mus. 1: 275 S.; Wuppertal.

BUSCHENDORF, F.; HESEMANN, J.: PILGER, A.; STOLZE, F.; WALTHER, H.W. (1951–1961): Die Blei-Zinkvorkommen des Ruhrgebietes und seiner Umrandung. – Monogr. d. dt. Blei-Zink-Erzlagerstätten, 1 (in 3 Lfg.): Beih. geol. Jb., 3: 184 S,; Hannover 1951, Beih. geol. Jb., 28: 163 S.; Hannover 1957, Beih. geol. Jb., 40: 385 S.; Hannover 1961.

CRAMM, T. (1999): Der Syburger Bergbauwanderweg. – In: Bünte, F. (Hsg.): Dortmund-Hohensyburg: 22–36; Dortmund

DASSEL, W.; DROZDZEWSKI, G. (2003): Ruhrsandstein im Ruhrtal zwischen Witten und Herdecke – Vorkommen, Gewinnung, Verwendung. – Schriftenreihe Deutsche Geologische Gesellschaft, 27: 18–26; Hannover.

DROZDZEWSKI, G.; JUCH, D.; SÜSS, P.; WREDE, V. (1996): Das Karbon des Ruhrbeckens: Sedimentation, Struktur, Beckenmodell. – Exk.-Führer 148. Hauptversamml. dt. geol. Ges.: 43–61; Bonn.

GAWLIK, A.; WREDE, V. (2002): Geotopschutz im Ballungsraum. – scriptum, 9: 39–43; Krefeld.

GEOLOGISCHES LANDESAMT NORDRHEIN-WESTFALEN (1981): Geol.

Kt. Nordrh.-Westf. 1 : 100.000 mit Erläuterungen. Blatt C 4710 Dortmund; Krefeld.

GEOLOGISCHE WANDERKARTE Kemnader See Bochum; Maßstab 1 : 10.000; Institut für Geologie der Ruhr-Universität Bochum.

HAHNE, C. (1958): Lehrreiche geologische Aufschlüsse im Ruhrrevier – 172 S., Essen.

KOCH, L. (1988): Die Ziegeleigruben im flözleeren Namur des Ruhrkarbons. – In: WEIDERT, W.K. (Hrsg.): Klassische Fundstellen der Paläontologie, 1: 33–45; Korb.

KOETTER, G. (2001): Bergbau im Muttental – 198 S.; Witten.

KRAFT, T. (1992): Faziesentwicklung vom flözleeren zum flözführenden Oberkarbon (Namur B–C) im südlichen Ruhrgebiet. – DGMK-Ber., 384–386: 146 S.; Hamburg.

KUKUK, P. (1938): Geologie des Niederrheinisch-Westfälischen Steinkohlengebietes. – 706 S.; Berlin (Springer).

MUTTERLOSE, J. (2004): Geologischer Garten Bochum – Exkursionsführer durch ein Naturdenkmal. – 44 S.; Bochum (Stadt Bochum, Umweltamt)

NIGGEMANN, S. (1994): Die Höhlen im Blattgebiet 4611 Hohenlimburg. – Mitteilungen & Berichte, 1993: 6–19; Iserlohn

OLLENIK, W.; UPHUES, J. (Hsg.) (2004): Von Mühlen, Schleusen und Turbinen. Ein spannender Führer zu Denkmälern der Kultur- und Technikgeschichte im mittleren Ruhrtal. – 120 S.; Essen

PATTEISKY, K. (1959): Die Goniatiten im Namur des Niederrheinisch-Westfälischen Karbongebietes. – Mitt. Westf. Berggewerkschaftskasse, 14: 66 S.; Herne

PFLÄGING, K. (1980): Die Wiege des Ruhrkohlenbergbaus. – 255 S.; Essen.

POLENZ, H. (2004): Von Grafen, Bischöfen und feigen Morden. Ein spannender Führer durch 22 Burgen und Herrenhäuser im Ruhrtal. – 117 S.; Essen.

POLENZ, H. (1999): Lust auf Steine. – 135 S.; Korb.

RICHTER, D. (1991): Ruhrgebiet und Bergisches Land. Zwischen Ruhr und Wupper. – Sammlung geologischer Führer, 55, Stuttgart.

ROSENDAHL, W.; WREDE, V. (2001): Karsterscheinungen und Geotopschutz im nördlichen Sauerland. – scriptum 8: 85–98, Krefeld.

ROSENFELD, U. (1961): Zum Bau des Harkort-Sattels bei Wetter (Ruhr). – N. Jb. Geol. Pal., Mh. 1961: 312–317; Stuttgart.

STADLER, G. (1979): Die Eisenerzvorkommen im flözführenden Karbon des Niederrheinisch-westfälischen Steinkohlengebietes. In: Sammelwerk Deutsche Eisenerzlagertstätten. – Geol. Jb. D 31; 188 S.; Hannover

THENIUS, E. (2000): Lebende Fossilien – Oldtimer der Tier- und Pflanzenwelt – Zeugen der Erdzeit. – 228 S.; München

VELLING, M. (1998): Bergbauwanderwege im Ruhrgebiet. – 79 S.; Essen (Pomp).

WREDE, V. (2003): Probleme des Geotopschutzes im urbanen Ballungsraum Ruhrgebiet. – In:

HUCH, M. (Hg.): Urbane Räume von morgen. Eine Herausforderung für Ingenieure und Geowissenschaftler. Exkursionen. – Schriftenreihe Deutsche Geologische Gesellschaft, 27: 32–43; Hannover.

ZYGOWSKI, D.W. (1979): Der Massenkalkzug zwischen Hagen und Hohenlimburg. – Kl. Schriften zur Karst- u. Höhlenkunde, 18: 20–51; München.

Abbildungsnachweis

E. Bauch, Halle/S.   *S. 59, 61*

C. Brauckmann, Clausthal-Zellerfeld   *S. 51*

W. Hoelken, Arbeitskreis Kluterthöhle e.V.   *S. 14, 18, 25*

B. Hüskes, Geol. Dienst NRW   *S. 20, 102*

L. Koch, Ennepetal   *S. 48, 50, 52*

T. Kraft   S. 57

F. Luthe, Förderverein bergbauhistorischer Stätten Ruhrrevier e.V.
   S. 42

M. Piecha, Geol. Dienst NRW   S. 16, 37, 96–97

Rheinkalk GmbH   *S. 28*

verändert nach H. Scholle, Förderverein bergbauhistorischer Stätten
   Ruhrrevier e.V.   *S. 41*

O. Stehn, Geol. Landesamt NRW   S. 93, 95

Alle übrigen Abbildungen: die jeweiligen Verfasser